解讀易經的奧祕 卷十八

革故鼎新好創意。

風靡中國十億人口
知名大師
曾仕強
教授◎著述

國家圖書館出版品預行編目資料

解讀易經的奧祕. 卷18, 革故鼎新好創意 /
曾仕強 著述. 陳祈廷 編著.
--初版.--臺北市：曾仕強文化, 2016.02
面； 公分
ISBN 978-986-92140-3-2（平裝）
1.易經 2.研究考訂
121.17 104027841

解讀易經的奧祕・卷18

革故鼎新好創意

作　　者　曾仕強
發 行 人　廖秀玲
編　　著　陳祈廷
總 編 輯　陳祈廷
管 理 部　吳思緯
行 銷 部　邱俊清
主　　編　林雅慧
編　　輯　李秉翰
出 版 者　曾仕強文化事業有限公司
地　　址　台北市中正區重慶南路一段57號8樓之14
服務專線　+886-2-2361-1379　+886-2-2312-0050
服務傳真　+886-2-2375-2763
版　　次　2023年1月二刷
I S B N　978-986-92140-3-2
定　　價　新台幣550元

#【作者簡介】

曾仕強 教授

英國萊斯特大學管理哲學博士、台灣交通大學教授、興國管理學院首任校長、台灣師範大學教授、人類自救協會創會理事長、新人類文明文教基金會榮譽董事長。

曾教授學貫古今，數十年來醉心於中華文化和西方現代管理哲學之研究，在國學、企管、哲學、教育等諸多領域上，皆有極高深的造詣。三十年前，世界五百強企業尚無中國企業能躋身其間，曾教授便已洞察趨勢，率先提倡「中國式管理」學說，被譽為「中國式管理之父」。迄今，曾教授已巡迴全球，完成逾五千場以上之演講，為臺灣生產力中心調查「最受企業界歡迎的十大講師」之一。

近年來，曾教授應大陸中央電視台邀請，至「百家講壇」欄目，主講「經營之神胡雪巖的啟示」、「易經與人生」等主題，收視率勇奪全國之冠；二〇〇九年主講「易經的奧祕」系列；二〇一一～二〇一二年主講「易經的智慧」、「點評三國演義」；二〇一二年主講「道德經的奧祕」、「道德經的玄妙」，內容風靡全中國，不僅掀起一股國學復興浪潮，更被評選為第一名的國學大師。

曾教授著作有：《易經的占卜功能》、《易經的乾坤大門》、《人人都不了了之》、《易經的中道思維》、《中國式管理》、《總裁魅力學》、《樂天知命的無憂人生》、《修己安人的領導魅力》、《為官之道》、《道德經的奧祕》……等數十本，其中《易經的奧祕》一書銷售量已突破五百萬冊，高居台灣與大陸各大書店文史哲類暢銷排行榜總冠軍。

前言——代序

中華民族的學問，說起來只有一門，那就是「道學」。孔子說：「吾道一以貫之」，把人類所有的學問，用「一陰一陽之謂道」來總括，應無遺憾。老子說：「道可道非常道」，則在明辨可說的「非常道」與不可說的「常道」，也合乎「一陰一陽」的組合。諸子百家的學說，莫非相反而相成，相背而相生。說的都是「非常道」，所以只能成為一家之言，不能成為「常道」。可見思想自由、言論自由，固然有其好處，卻也造成各是其是，分割得支離破碎，徒然把「通」的變成「不通」。必須透過正本清源來重新「溝通」，才有可能由「專」反「通」。

我們由「行道」而「明道」，在實踐中「悟道」。早在「道」字出現之前，堯帝選擇繼承人，便公開要大家推薦。他並不挑選地方勢力強大的領袖，也不看上財富驚人的金主，反而接受以孝聞名的舜。堯帝先把自己的女兒娥皇、女英嫁給舜，又讓他處理行政，結果都有很好的成績。經過三年的考察，才由舜來攝政，代理共主的職務。這種「天下為公」的大道，一直受到無比的尊崇。堯舜走出中華道統的開端，以後的禹、湯、文、武、周、孔、老……凡是中華兒女崇拜的偉大人物，無一不是得道高人，尊奉道統。

老子和孔子，都在弘揚易道。孔子有教無類，以「中人」為對象，《論語》成為炎黃子孫人人必讀的家常便飯。老子以「上士」為對象，不在乎「下士聞道」那種「大笑之」的反應。明知「吾言甚易知，甚易行；天下莫能知，莫能行」，也要把標準提得很高，把「道」當做形上的第一原理，提出：「天下萬物生於有，有生於無」的本體論。

孔、老兩家，正如老子所說「同出而異名」——看起來各有主張，實際上都是在闡明易道。因為「道」只有一個，不可能有兩個，否則宇宙就會分裂。道為「一」，即為「常道」；但是道是動的，可以千變萬化，所以道又是「多」，成為「非常道」。西方為「一元論」、「多元論」爭得面紅耳赤，我們卻能輕鬆愉快地用「一之多元論」來加以化解——合起來是「一」，散出去為「多」，有分有合，才得以生生不息。

西方人做學問，是一步、一步逐漸摸索、推演而得，必須大膽求新求變，才能持續向前推進。因此「吾愛吾師，吾更愛真理」，就成為「個人」提出「創見」的正當理由。凡事力求創新、突破，同時對「智慧財產權」十分重視。由於近兩百年來科技突飛猛進，以致「創新，改變世界」的口號喊得震天動地，幾乎成為一種牢不可破的普世價值。

中華兒女的學問，則與西方完全相反。我們是伏羲氏一畫開天，便把人類所有的學問，全部都「一」統起來了！孔子提示「一以貫之」，老子明言「抱一以為天下式」，使我們知道「一就是一切，一切都是一」。諸子百家，都在說明各自對於「一」的研究心得，如此而已。所有的學問，都從「一」（就是道、太極，宇宙萬物的共同元素、本體）開展出來。我們並沒有西方那些「一」與「多」的爭論，自古以來，便是秉持著「一而二，二而一」的「一之多元論」，統合一切主張，而一視同仁。我們重視「師承」，講求「道脈」，形成「道統」，因而綿延不絕、歷久彌新，生生而不息。

西方文化不連續，主要原因在於不重視根本，說變就變。後來更是變本加厲，認為新的一定比舊的好，於是盲目求新求變，以致不但忘本，甚至無可避免地流於亂變。當今人類所面臨的科技威脅、環境污染、氣候異常、人倫淪喪、道德敗壞，無一不是亂變的惡果，後果已經愈來愈嚴重，也愈來愈可怕！

中華文化重視飲水思源、不忘本。因此說「新」的時候，必須把「舊」連結在一起。溫故知新、繼舊開新，這才合乎「一陰一陽之謂道」的原則，不致有所偏，而導致失道、叛道，使生生不息的循環無法持續下去。同時，也能適當防止「喜新厭舊」的惡習，維持家庭和諧、婚姻穩定、社會安寧，使我們的人生更有價值。

晚近以來，我們受到西潮的影響，似乎已經把「新」當成「進化」的同義詞，斷定一切舊的都不如新的。現代中國人，只知宇宙在變、時代在流，卻忘了《易經》所說的「變中有常」，而流中也必然有住。一味講求創新，認定新的一定比舊的好，便是抓住易的「變易」，漏掉了易的「不易」，完全不符合「一陰一陽之謂道」的精神。

創新、改變世界，可能會有兩種不同結果：一是愈改造愈糟，人類愈不幸；一是愈改變愈好，人類愈幸福。

同樣是創新，有經得起時代考驗的，也有經不起時代考驗的。大家若是稍為關心周遭的變化，便會心中有數——原來經得起考驗的並不多，而不久後便遭到淘汰的竟佔了大多數。如此我們就能明白：變來變去，代表不夠好；如果真的好，何必要變來變去？可惜這樣簡單的道理，現代人卻沒能好好把握住，是不是忘本的表現呢？《易經》啟示我們持「經」達「變」，必須要有原則地應變，千萬不能沒有原則地胡亂加以改變！兩句話合在一起，便是「萬變不離其宗」，也就是「以不變應萬變」。然而，現代人居然不敢如此主張，這豈不是「學術殺人」的明證？如此一來，我們又怎麼對得起列祖列宗呢？

生活法則不可變，生活方式當然可以變。凡事必須先分辨其「可變」與「不可變」，然後才「持經達變」。務求變得更好，才有資格叫做「日新又新」，否則便是不負責任的求新求變。對於原本就善變的中華民族而言，「求新求變」往往容易導致「亂變」的惡果，最好更加慎重，以免後患無窮。

時至今日，種種求新求變的亂象，已經到處顯現，只是大家愈來愈忘本，奉行西方「眼見為憑」的主張——只相信看得見的，不相信看不見的，以致無法陰陽兼顧並重，不能自覺，也無法明辨。現代中華民族警覺性低、應變力差，同化力也大不如前，令人十分擔憂。倘若不能及早改變現有的心態，勢必愈來愈偏離正道，走入偏道、邪道、小道，那時候才想研究易學，不但為時已晚，而且愈加不可能有效了！

西方人不明白「變中有常」的道理，以致頭痛醫頭、腳痛醫腳，只能治標而難以治本。他們的著作，通常維持三到五年，便要推出新的主張。所以西方出版品，必須註明出版年份，三、五年最多十年，就需要改版甚至於被淘汰。而我們的書籍，愈古老愈有精讀的價值。幾千年來，舉凡《論語》、《道德經》、《易經》、《黃帝內經》、《三字經》，都可以讓人一讀再讀，終生受用。因為每隔一段時間重讀，即有新的體會、新的領悟。當自己有所成長後，就更加能夠深入古書中的字裡行間，看出以前所看不出的玄妙。然而現代出版界，受到西方商業化的影響，居然競相推出新書，同時將出版年份稍久的書籍全部下架，實在是不知中西學問的根本差異所做出來的可笑行徑。我們常說「商業化」遲早吃掉「中華文化」，可惜大家依然不甚瞭解，著實令人擔憂！我們當然需要「商業」，但是「商業化」不是好主意。就好像我們需要「工業」，卻不應該「工業化」，以致留下很多遺毒，久久難以清除。《易經》賁卦（䷕），明白告訴我們「人性是本質，文明是現象」。卦象剛柔相雜，象徵以「文」化成天下，只有「文」才能「化」。我們很早就發展農業，但是始終沒有提出「農業化」的主張，因為我們知道農業是不能化的，只有「文」才能化。英國人致力於工業化，美國人醉心於商業化，而我們這些炎黃子孫，竟然把聖賢的交代拋諸腦後，盲目地追隨西方的腳步，大搞工業化與商業化，卻嚴重地輕忽了自已的文化，這證明我們已經本末倒置、輕重不分，似乎原有十分堅強的同化力，如今已經薄弱得無法與西方文明相互交流了！

我們這一次以「解讀易經的奧祕」為系列叢書名，嘗試把《易經》做出「人人都看得懂」的解說，便是居於這種危機感才「自討苦吃」，不自量力而為之。然而，我們在「自討苦吃」的同時，也是抱持著「自得其樂」的心情。因為一天到晚把《易經》說得難、難、難，對易學的發揚只有障礙，而缺乏了激勵的動力。何況「看它容易，果然就很容易」——這不是心想事成，符合「心易」的法則嗎？但願讀者在十八卷看完後，能夠不吝多加賜教，至為萬幸！

曾仕強 謹識於台灣師範大學

編者序

我們可以把人生視為一趟修行之旅，途中所有遇見的人事物，都是幫助我們改造自己，使自己更加精進、向上的善緣。旅途有起點，就會有終點。每個人都希望自己在離開時，能夠心安理得、毫無愧怍，那麼最要緊的關鍵，莫過於時時謹守「諸惡莫作，眾善奉行」的原則。

然而「人非聖賢，孰能無過？」一個人即使再怎麼努力，還是難免會犯一些小過失，有一些小差錯。所以我們修習《易經》，最大的作用應該是「心易」，用心修正、改變自己的言行態度，讓自己每一天都能更趨於進步與美好。而「心易」的具體表現，其實就在於「革故鼎新」——讓故舊的過失譬如昨日死，設法善補過，在當下獲得新性命。

〈繫辭・上傳〉曰：「无咎者，善補過也」，把「革故」和「鼎新」合起來看，其實講的就是「善補過」的道理，不但適用於個人的修身，推而廣之，包括齊家、治國乃至於平天下等層面，也都需要積極落實這樣的精神與作為。本書中，曾教授深入剖析「革卦」和「鼎卦」，以闡明「革故鼎新」的道理。革卦是下經當中，唯一元亨利貞四德俱全的卦；鼎卦緊隨其後，表示在非常的破壞之後，還需要帶來大幅度的改善。革故鼎新，原本就是一體兩面，最好能夠兼顧並重、審慎為之。唯有動機良善、過程正確，才能達元亨而吉順的效果。

曾教授把革卦和鼎卦，安排在本書系的最後一卷，其實含有很深的用意與祝福，希望大家在讀完之後，能夠隨時謹記「革故鼎新」的道理，用以惕勵、改造自己，養成每天自我反省的好習慣，及時做出合理而有效的調整。只要每個人都有「心易」的決心和行動，就能日新其德、日起有功而止於至善。人人如此、戶戶皆然，地球村的榮景也就指日可待了！

曾仕強文化總編輯　陳祈廷

目錄

《第一章》

五行
為何相剋又相生？

陰陽五行在中國社會流通，
既長遠又廣泛，影響相當大。

各有各的說法，也各有其功能，
我們既尊重且包容，反正自作自受。

但是相信到差不多就好了，
再信下去，很可能就迷進去了！

「差不多」的意思，是不能「差太多」，
差太多容易誤己又害人，非常不應該。

五行相生又相剋，有陰有陽，
陰陽五行，當然變化靈活又多端。

有巧合，也就有人為的配合，
這就是我們常說的「誠則靈」。

一、五行學說始於尚書洪範

《史記・孔子世家》指出：孔子以詩、書、禮、樂做為教學的主要內容。其中的「書」便是《尚書》，收集許多單篇的文件，也就是現代所說的政府公文書件。周朝的文書當中，有一篇記載箕子為武王陳述「洪範九疇（ㄔㄡˊ）」的文件，稱為〈洪範篇〉。把「水、火、木、金、土」當做宇宙中五種最為根本的物性，分別為「水潤下、火炎上、木曲直、金從革、土爰（ㄩㄢˊ）稼穡」——水性往下潤濕，火性向上焚燒，木性可彎曲也能伸直，金屬可憑人意而改變形狀，土壤能夠種植、收穫五穀。原來的用意，也許是歸納出宇宙間「五」種基本的「行」動方式，做為萬事萬物共生共存、互相調整因應的行動準則。用「水、火、木、金、土」當做五種基本物件，不過是靜態的象徵；倘若代表五種基本行動方式，那就是動態的表現。中華文化源於易，宇宙萬物無不變動不居，我們是由「行」求「知」的民族，所以重視五行的研究。

〈洪範篇〉除了「五行」之外，還提出「五事」、「五紀」和「五福」。「五事」指貌（態度），言（言論）、視（眼光）、聽（聽覺）、思（思想），認為態度要恭敬、言論要正當、眼光要明亮、聽覺要清晰、思想要發達。「五紀」即歲、月、日、星辰、曆數，都是關於天象時令的推算。「五福」是壽、富、康寧、攸好德、考終命，也就是壽高、富裕、健康安寧、修養美德、年老而得善終。我們的手掌，共有五根手指頭。五指握拳，象徵可以自行掌握，所以古人常用「五」，也就是「一、三、五、七、九」五陽數的中數，來歸納相關事宜。

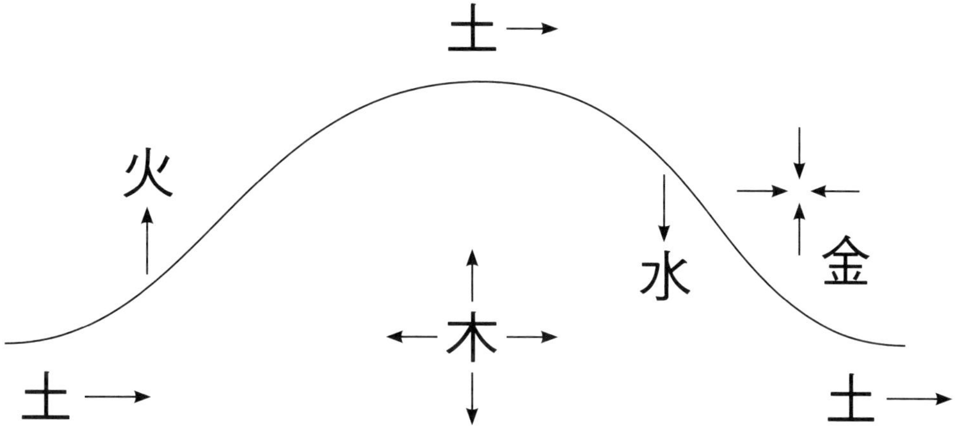

五行指宇宙萬物五種基本行動方式

二、把五行和陰陽合在一起

易傳只說「陰陽」，沒有提及「五行」。但是太極「其小無內，其大無外」，當然可以包含五行。於是五行融入易學，應該是理所當然、勢所必然的事情。太極雖然無形、無跡、無聲、無臭，卻有其動靜。太極大到無外，當然不可能產生位移。所以太極的動，不過是內在的動。動而生陽，動極而靜，自然生陰。陽，可以說是太極的動；陰，可以表示太極的靜。陰陽和動靜，是相繼發生，並且彼此互為根本。陽有所變動，陰就加以配合。水、火、木、金、土五種基本行動方式，便成為陰陽互動的準則。

漢代董仲舒，以「元」代表宇宙的根本。由「元」而有天地陰陽，產生萬物。他所說的「元」，是先天地而生的氣。他認為「天地之氣，合而為一，分為陰陽，判為四時，列為五行」。春德為木，夏德為火，秋德為金，冬德為水，配以中央土德。陽生物而陰成之，所以物生於春夏，而成於秋冬。由於陰陽二氣的性質與作用是相反的，因此陽氣暖而陰氣寒，陽氣予而陰氣奪，陽氣仁而陰氣戾，陽氣寬而陰氣急，陽氣愛而陰氣惡，陽氣生而陰氣殺。總而言之，陽常居於實位而行於盛，陰常居於空位而行於末。

把陰陽和五行合在一起講，董仲舒似乎是第一人。他的用意，在以人道符合天道，也就是以人為秩序符合自然秩序。他的想法，其實從黃帝開始，便是「道政合一」的實踐。主要功能，在探討政治與人事的價值。依據天道來推行人文政教，成為中華文化「官本位」的重要途徑。

易傳的太極陰陽論

陽為太極之動　　陰為太極之靜

一動一靜互根

一陰一陽相繼

洪範的五行論

↓

陰陽的互動

有五種基本行動方式

↓

稱為五行：

水、火、木、金、土

綜合起來成為「陰陽五行論」

三、鄒衍提出五行相剋史觀

《史記・封禪書》記載：齊威王、宣王時代，鄒衍等人，著有《五德終始》等書，說明古帝王朝代的更替，與五行的相剋相呼應。黃帝為土德，夏禹為木德。由於木剋土，所以夏禹繼黃帝而興起。殷湯為金德，金剋木，因此殷取代夏。周為火德，火剋金，是以周西伯滅商紂王。秦為水德，則是秦始皇採納這種「終始五德之運」的傳說，認定周朝是火德，水能剋火，才自命秦為水德，符合天意，秉承天命。鄒衍的「五行相剋論」，很可能啟發了董仲舒的「五行相生論」。董仲舒指出：天有「木、火、土、金、水」五行。木生火、火生土、土生金、金生水、水生木，就好像父生子的關係。他把五行當做「五種行為規範」，以司農為木、司馬為火、司營為土、司徒為金、司寇為水。司農的盡責使倉庫充實，司馬的才能完成軍餉的備足，可見木能生火。依此類推，司馬的作用影響司營的，所以火能生土。司營的任務，促使司徒工作順利，因此土生金。司徒的廉能剛毅，助成了執法的司寇，證明金能生水。司寇明確斷獄，百工便能樂業造器，使司農的有方便工具，同樣說明水能生木。

然而，我們深一層追究：黃帝為土德，還能接受。夏禹治水有功，為何不是水德而是木德？何況黃帝之後尚有堯、舜，為什麼一下子跳到夏禹？至於秦始皇焚書坑儒，何以稱為水德？種種疑問，也實在難以解釋。我們不反對五行有生剋的作用，但是生剋作用很可能是相對的，並非絕對的。只能彈性運用，最好不要強調必然如此。

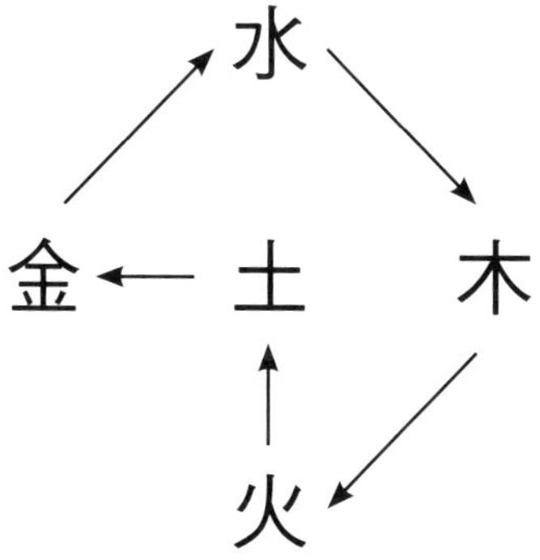

五行相生

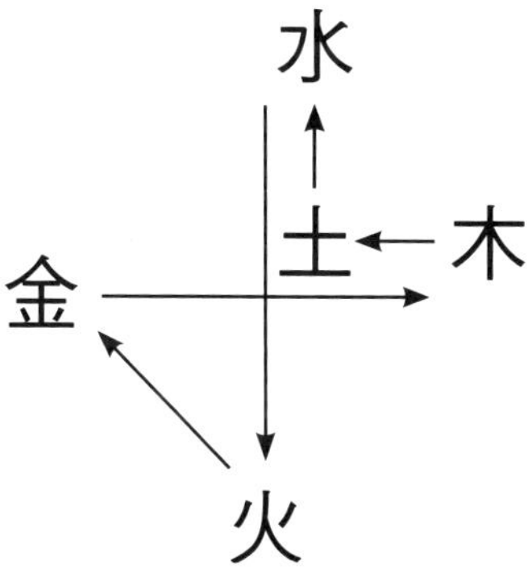

五行相剋

四・朝代更替好像從周開始

孔子和老子兩大聖賢，都在解說易理。兩老心目當中，都有古代聖王的名位。但是，孔子多次提出堯、舜，老子則從來不明白指稱。中華道統，自堯、舜、禹、湯、文武、周公，一直持續流傳。孔子明白加以尊崇，是為了樹立典範，供後人學習。老子隱名不稱，則是為了方便後人隨機應變，從道不從人。如此，才能繼舊開新，而綿延不絕。

黃帝是落實伏羲理想的第一人，堯、舜是公天下的榜樣。禹開始傳位給自己的兒子，卻沒有私天下的意圖。

真正有史料可據的，是殷商以後。倘若如此，周取代商，應該是朝代更替的第一次。商與周，顯然有相當密切的政治關係。相對的地理關係，則是商在東而周在西，東方木、西方金，金剋木，所以周滅商。秦為火，東周共主衰微，王命不行，因此造成春秋五霸、戰國七雄。孔子有教無類，老子倡導道德。言論自由，導致諸子百家各自發揮。秦始皇滅六國，建立大一統政府，取代周室，即為火剋金。漢為水，劉邦滅秦，便是水剋火。唐朝迎入大乘佛教，號召人身難得、中土可貴，豈不是以土剋水？

中國人、中國字、中國話，最具有彈性，包容性最大，也最容易牽強附會。老子說：道不可道、名不可名，實際上也就是《易經》：「不可為典要，唯變所適」的思維。孔子把它說成「無可無不可」，對於現代人愈來愈把科學看成宗教，認為其神聖而不可侵犯，實在是一帖最好的清醒劑。應該精確的，當然要精確；不必要精確時，只要差不多而不是差太多，又有何不可？

商	←	周	←	秦	←	漢	←	唐
商人向四方發展		周西伯起於西方		秦滅六國又焚書		劉邦為「沛公」水字旁，史書稱		有「土」才有「堂」唐就是「堂」，
：		：		：		：		：
木	←	金	←	火	←	水	←	土

五行相剋
一朝滅一朝

五．中華大帝國結束於清朝

唐朝二十一帝，使長安成為當時著名的國際大都市，人口曾經破百萬，吸引許多來自各國的留學生、使臣、商人，唐太宗還被奉為各民族的共主，尊稱為「天可汗」。

唐亡，梁、唐、晉、漢、周相繼建立，史稱五代，加起來卻只有五十年。我們讀歷史，大多唐、宋、元、明、清，把五代存而不論，主要原因是那一階段的人，缺乏國家民族觀念，士的意識很低，不值得一提。

趙匡胤陳橋兵變，為什麼剛好有黃袍可以加身？又何以建立宋朝？很可能是經高人指點，要繼唐朝而起。依商、周、秦、漢、唐往例，只有用「木剋土」才行得通。於是姓趙的皇帝，訂朝代名為宋。「宀」代表房屋，裡頭有一大「木」，當然能把唐土所遺留的痕跡，全部都剋掉！

金興宋亡，即是金剋木的效應。蒙古成吉斯汗統一塞外，元世祖建立大元帝國，元太宗滅金。倘若沿用金的名稱，是否能持久一些？我們不得而知。但是由於蒙古人的觀念，與漢人大多格格不入，許多規定令漢人苦不堪言。有人創造月餅，中心夾有「八月中秋吃月餅，大家齊心殺韃子」的字條，足證元朝民心已失。朱元璋舉明滅金（元），元朝只維持了短短九十年時間，又是「火剋金」。努爾哈赤起兵叛明，建國號後金。如果不是接受了漢人的建議，改國號為清，怎麼能夠「水剋火」而滅明呢？中山先生廢止帝制，從此以「中」（土）剋清（水），也停止了長期以來的改朝換代。看了以上的分析，我們對「五行相剋」有什麼想法呢？

商（木）←周（金）←秦（火）←漢（水）←唐（土）

第一循環

↓

第二循環

宋（木）←金、元（金）←明（火）←清（水）←中（土）

中華大帝國改朝換代宣告結束，
帝制不可能重現在中國。

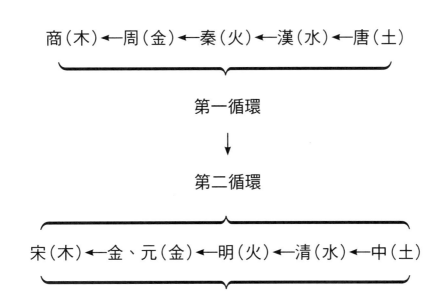

六、五行陰陽的循環動力圈

兩漢以後，五行和陰陽幾乎難分難解。五行相生相剋，也具有陰陽關係。相生（土生金、金生水、水生木、木生火、火生土）如果是陽的循環動力圈，那麼相剋（土剋水、水剋火、火剋金、金剋木、木剋土）便是陰的循環動力圈。這兩個相反的動力圈，彼此制約又相輔相成，促使陰陽互動的平衡與和諧。所以把五行融入陰陽，既充實了易學的內容，也擴大了它的功能。無論在氣象、醫學、命學、樂律以及人文社會，都有十分廣泛的應用。只要適可而止，抱持「大致如此」，而非「必然這樣」的心態，也就不必斷然以「迷信」加以排斥。人不迷，五行陰陽也就迷不了人；人自迷，又何必怪罪於陰陽五行呢？

五行與陰陽配合，產生十種不同的組合。其中陰水代表隱藏性的變化，陽水表示外顯性的變化；陰火代表隱含性的凝聚，陽火表示外顯性的凝聚；陰木代表隱蔽性的發展，陽木則表示外顯性的發展；陰金代表內含性的剛健，而陽金即表示外顯性的剛健；陰土表示內隱性的統合，陽土也就代表外顯性的統合。由五成十，可用以加深對事物生存發展的認識。邵雍的「梅花易數」，便是建立在五行與八卦的配合，也就是乾（☰）為金、坤（☷）為土，震（☳）屬木、巽（☴）也屬木，坎（☵）為水，離（☲）為火，艮（☶）屬土，而兌（☱）則為金。因而八卦之間，產生了生剋的關係。如果加上河圖、洛書，那就愈演愈複雜了。可以當做興趣，做為參考即可，若是深入再深入，把它當做專業，那就終其一生受累了。

陰陽五行的結合

水	陰水	陽水
火	陰火	陽火
木	陰木	陽木
金	陰金	陽金
土	陰土	陽土
五（生數）	十（成數）	

我們的建議

1 大道至簡，易理以簡單、明瞭為要。倘若愈弄愈複雜，愈來愈難以瞭解，那就要從方向、方法、方式三方面加以檢討改進。務求簡易、方便而有效。

2 易道廣大，當然無所不包。我們不能說五行不可融入易道，以免自相矛盾。陰陽五行結合，純屬理所當然、勢所必然。因為易道既然是中華文化的總源頭，那麼任何小道、歪道、偏道，實際上也都包含在內，難以排除。

3 我們不否定命學，如果連命都沒有了，人還活得了嗎？我們只是認為：命掌握在自己心中（不是手中），心一改，命就改，這才叫做「心易」──用心改變自己的命運。

4 更重要的是：改命的目的為何？倘若只是為了活得更久、更快活，就算求得了，又有什麼價值？如果是為了提升自己的品德修養，用心實踐便是，又何必把命運算得準。

5 五行是陰陽互動時，可能發生的五種行動方式。自己在日常生活當中多反省、多調整。時時憑良心，常常立公心。少私、寡欲；見素，抱樸。每當有所轉折時，便做好合理的階段性調整。力求依易理而行，又何必憂慮恐懼呢？

6 除了陰陽五行，「天干地支」也是我們經常遇到的課題。「十天干、十二地支」到底是在說些什麼？有什麼樣的功能呢？我們最好也加以瞭解，以便能對《易經》有更深一層的認知。

《第二章》

天干地支
有什麼作用？

我國的曆法，為陰陽合曆，
只能稱為農曆，不宜稱為陰曆。

農曆起源於黃帝時代，逐漸變化，
是配合天象，觀察四季日出、日落計算而成。

以月球環繞地球一周的時間，為一個月，
以地球環繞太陽一周的時間，稱之為一年。

後來用天干和地支配合，成為六十甲子，
構成干支紀年的方式，每六十年循環一次。

陰陽五行和天干地支，結合在一起，
成為人類最早出現的全般系統架構。

廣泛應用在曆法、醫藥、兵學、命學各方面，
我們既不必完全相信，也不應該斷然指稱其為迷信。

一、天干地支配成六十甲子

「十天干」即「甲、乙、丙、丁、戊、己、庚、辛、壬、癸」。「十二地支」為「子、丑、寅、卯、辰、巳、午、未、申、酉、戌、亥」。「十天干」配合「十二地支」，共得六十種組合。從殷商開始，便用以紀年，通稱「六十甲子」。也就是始於「甲子」，終於「癸亥」，每六十年周而復始，循環不已。其中有六甲（甲子、甲戌、甲申、甲午、甲辰、甲寅），五子（甲子、丙子、戊子、庚子、壬子），終而又始，自古以來連續不斷。

現行的公元（西曆）紀年，可以換算成為干支紀年。一九二四年歲次甲子、二五年即為乙丑、二六年丙寅、二七年丁卯、二八年戊辰、二九年己巳、三〇年庚午、三一年辛未、三二年壬申、三三年癸酉、三四年甲戌、三五年乙亥、三六年丙子、三七年丁丑、三八年戊寅、三九年己卯、四〇年庚辰、四一年辛巳、四二年壬午、四三年癸未、四四年甲申、四五年乙酉、四六年丙戌、四七年丁亥、四八年戊子、四九年己丑、五〇年庚寅、五一年辛卯、五二年壬辰、五三年癸巳、五四年甲午、五五年乙未、五六年丙申、五七年丁酉、五八年戊戌、五九年己亥、六〇年庚子、六一年辛丑、六二年壬寅、六三年癸卯、六四年甲辰、六五年乙巳、六六年丙午、六七年丁未、六八年戊申、六九年己酉、七〇年庚戌、七一年辛亥、七二年壬子、七三年癸丑、七四年甲寅、七五年乙卯、七六年丙辰、七七年丁巳、七八年戊午、七九年己未、八〇庚申、八一辛酉、八二壬戌、八三癸亥、八四又是甲子，另一個六十年開始。

公元的千、百位	0 3 6 9 12 15 18	1 4 7 10 13 16 19	2 5 8 11 14 17 20	0	1	2	3	4	5	6	7	8	9	公元的個位
				辛 **庚**	庚 **辛**	己 **壬**	戊 **癸**	丁 **甲**	丙 **乙**	乙 **丙**	甲 **丁**	癸 **戊**	壬 **己**	天干
公元的十位	0，6	2，8	4	酉 **申**	申 **酉**	未 **戌**	午 **亥**	巳 **子**	辰 **丑**	卯 **寅**	寅 **卯**	丑 **辰**	子 **巳**	地支
	1，7	3，9	5	亥 **午**	戌 **未**	酉 **申**	申 **酉**	未 **戌**	午 **亥**	巳 **子**	辰 **丑**	卯 **寅**	寅 **卯**	公元後的甲子查粗黑體字 公元前的甲子查細黑體字
	2，8	4	0，6	丑 **辰**	子 **巳**	亥 **午**	戌 **未**	酉 **申**	申 **酉**	未 **戌**	午 **亥**	巳 **子**	辰 **丑**	
	3，9	5	1，7	卯 **寅**	寅 **卯**	丑 **辰**	子 **巳**	亥 **午**	戌 **未**	酉 **申**	申 **酉**	未 **戌**	午 **亥**	
	4	0，6	2，8	巳 **子**	辰 **丑**	卯 **寅**	寅 **卯**	丑 **辰**	子 **巳**	亥 **午**	戌 **未**	酉 **申**	申 **酉**	
	5	1，7	3，9	未 **戌**	午 **亥**	巳 **子**	辰 **丑**	卯 **寅**	寅 **卯**	丑 **辰**	子 **巳**	亥 **午**	戌 **未**	

二・十天干原本是用以紀日

《史記》稱「十天干」為「十母」，一個月三十天，分成「上、中、下」三旬。每旬十天，就用「十天干」來表示。後來也用以表示四季：「甲乙」指春季，種籽破殼屈軋而出的意思。「丙丁」為夏季，植物明顯茁壯。「戊己」居中，指夏秋之際，枝葉茂盛，能結果實的，已有起色。「庚辛」即秋季，萬物能收成。「壬癸」為冬季，種籽的活力深藏於內。「天干」配「五行」，則是：甲乙屬木、丙丁為火、戊己屬土、庚辛為金，而壬癸則屬水。

依據《史記・曆書第四》的記載：曆法起源於黃帝，透過星體的運行與五行的作用，掌握四季時令的規律，制訂出農耕所需要的曆法。中國的曆法，向來採用陰陽合曆，所以最好稱為「農曆」，避免說成「陰曆」。以月球（陰）環繞地球一周的時間為「一個月」，而以地球環繞太陽（陽）一周為「一年」。由於月球環繞地球一周有二九・五三〇六天，一年即有三五四・三六七二天。但是地球環繞太陽一周卻有三六五・二四二二天，彼此相差一〇・八七五天，三年後就相差三二・六二五天。於是每三年，便多出一個月，稱為「閏年」。閏年時多出來的一個月，要安置在哪一個月呢？那就要按照二十四節氣來安排。古代農耕社會，需要更為精準的曆書，所以歷代都有專門研究曆法的官員，依據日月運行的周期，及其對節氣時令的影響，並且配合「金、木、水、火、土」五星辰的情況，審定「春分、夏至、秋分、冬至」的正確日子，使百姓得以掌握時令節氣的變化，從事農耕生活。以四方（東、西、南、北）配四時（春、夏、秋、冬），十分周密而可行。

月球環繞地球一周為一個月

↓

一個月有三十天（一晝夜為一天）

↓

分為上、中、下三旬

上旬

1	2	3	4	5	6	7	8	9	10
甲	乙	丙	丁	戊	己	庚	辛	壬	癸
木		火		土		金		水	

中旬

11	12	13	14	15	16	17	18	19	20
甲	乙	丙	丁	戊	己	庚	辛	壬	癸
木		火		土		金		水	

下旬

21	22	23	24	25	26	27	28	29	30
甲	乙	丙	丁	戊	己	庚	辛	壬	癸
木		火		土		金		水	

三、十二地支配合十二個月

《史記・曆書第四》指出：夏朝以寅月為正月，殷朝以丑月（夏曆十二月）為正月，周朝則以子月（夏曆十一月）為正月。三個朝代的正月，有如循環般首尾互相銜接。天干地支配合成六十甲子，用以紀年。十天干用來紀日，十二地支則用來紀月。夏曆以寅為正月，卯即為二月，辰是三月，巳為四月，午即五月，未是六月，申為七月，酉即八月，戌是九月，亥為十月，子即十一月，而丑便是十二月。

曆書是用十二地支，表示一年當中生物變遷的規律。由於所依據的，是地球繞太陽運行而造成的四季氣候，所以十二地支可說是固定的順序。但是歲首的正月，則不必固定。大抵陰陽合曆，年年都不相同。陰曆稱「年」，陽曆叫做「歲」。「年」以朔望（月球環繞地球一周的時間）為主，而「歲」以節氣為主。每「年」十二個月，共三百五十四日有奇；每「歲」自冬至到次歲冬至，共三百六十五日有奇。《易經》說「三年」的，有既濟九三的「三年克之」、未濟九四的「三年有賞于大國」。說「三歲」的，有同人九三「三歲不興」、坎卦上六「三歲不得」、困卦初六「三歲不覿」、漸卦九五「婦三歲不孕」、豐卦上六「三歲不覿」。這些爻辭，都和曆數有關，但「年」、「歲」有所區別。

十二地支還可以配合一天二十四小時：午後十一時到午前一時，也就是夜間二十三時到隔天一時，為子時。每兩個時辰配合一個地支，一天二十四小時正好配合十二個地支。另外，也可以配合十二生肖，分別為子鼠、丑牛、寅虎、卯兔、辰龍、巳蛇、午馬、未羊、申猴、酉鷄、戌狗、亥豬。

一年十二個月

子、丑、寅、卯、辰、巳ㄙˋ、午、未、申、酉、戌、亥

但是每年的第一個月，未必固定為子月

一天二十四小時

24 1 2 3 4 5 6 7 8 9 10 11 12 13 14 15 16 17 18 19 20 21 22 23 24

子 丑 寅 卯 辰 巳ㄙˋ 午 未 申 酉 戌 亥 子

人有十二生肖

子	丑	寅	卯	辰	巳ㄙˋ	午	未	申	酉	戌	亥
鼠	牛	虎	兔	龍	蛇	馬	羊	猴	雞	狗	豬

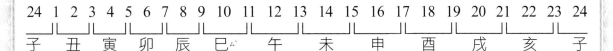

四、元會運世推算地球壽命

宋代邵雍以易數推算地球的壽命，提出「元會運世」的說法。他假設「元」為地球存在的一個單位，「元」下統「會」，「會」下統「運」，「運」下統「世」。有如年統月，月統日，而日統時。十二時為一日，三十日為一月，十二月為一年，三十年為一世，十二世共三百六十年為一運，三十運即一萬零八百年為一會，十二會也就是十二萬九千六百年為一元，十二萬九千六百元為一大元，共有一百六十七億九千六百一十八萬年，代表地球壽命的一個完整周期。他在《皇極經世》書中，推算地球自初生到北宋時代，已經活了六億一千八百八十四萬年。倘若以「一大元」的周期來估算，「地球末日說」應該還十分遙遠，用不著擔心害怕。我們所要提高警覺的，反而是人類自我滅絕的危機，例如：毀滅性武器的互相威懾、人口數量不斷增加的威脅、社會人心不安的動盪、地球環境的遭受破壞，以及人類道德的淪喪……等等，無不亟待人類努力自救，以免地球依舊在，人類卻已經不復存在。屆時，即使《易經》、科學、醫學、文明再怎麼樣的精微、發達，恐怕都將無用武之地。

宇宙天體的生滅，有如圓周上的任何一點，既是「始」也是「終」。這種循環法則，構成了因果定律。我們不應該由於宗教談因果，便認定因果是一種迷信。人的一生，都無法脫離這種因果定律的範圍。中華命學，和醫學、藝術、兵學一樣，都是由此而生，而其基本依據，即為易學。現代科技發達、民智大開，各種資訊快速交流，我們仍需用心體悟，努力實踐易學的象數、義理，其主要原因即在於此。

12時為1日

↓

30日為1月

↓

12月為1年

↓

30年為1世

↓

12世（360年）為1運

↓

30運（10,800年）為1會

↓

12會（129,600年）為1元

↓

129,600元為一大元，是地球壽命的一周期

:

雖然離地球毀滅還很久，但人類最好及時自救，

以免地球依舊在，但人類卻已經自我毀滅！

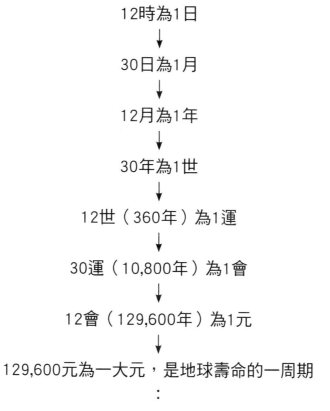

五、命學離不開輪迴的作用

我們並不諱言，命學依據易學演繹而成。其主要構成內容，便是無極、太極、陰陽、五行、天干地支、動靜、形氣、吉凶、生剋，以及無終無始的因果循環。

老子說「道可道非常道」，指出人活在「常道」和「非常道」兩個世界。前者為絕對宇宙，老子稱為「无」，現代科學稱為「反宇宙」；後者即相對宇宙，老子稱為「有」，現代科學叫做「宇宙」。這「无」、「有」兩個宇宙，「同」時存在，不過有了兩個不同的「名」，所以混淆了我們的視聽。就好像「人沒有軀體時，靈魂依然存在，卻稱為死亡」，「人有軀體時，靈魂在體內，卻為很多人所否定」。老子用「玄」字來描述其中的玄妙，很多人看不懂，也想不明白，只好把《道德經》當作「玄學」。

人從常道來，死後返回常道。下一輩子投胎，又從常道來，再度死亡，復返常道。這是一生一死，一死又一生的輪廻。靈魂永遠存在，只是生時有軀體，死亡時把軀體丟棄，一無所有地返回常道。老子說：「死而不亡者壽」，「死」和「不亡」是「不同」的情景，老子卻認為沒有什麼不同。因為生生不息的「道」，畢竟是「死而不亡」的，並不會由於個人的死亡，使生生不息之道也跟著亡失了。人在「非常道」，不過是過客，短短幾十年，了不起一百多年，便要返回常道。人在「常道」，反而是常客。所以古聖先賢，期望我們「爭千秋」（常道）而不爭「一時」（非常道）。可惜現代人不明白真相，用各種學說來迷惑自己，還認為是進步的觀念。

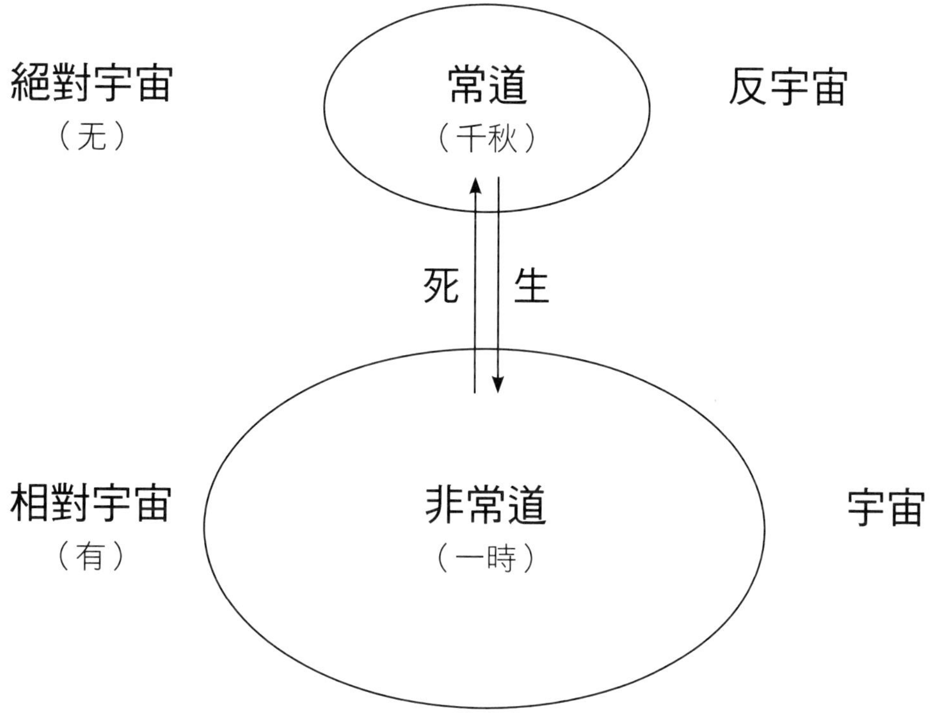
絕對宇宙
（无）
常道
（千秋）
反宇宙
死
生
相對宇宙
（有）
非常道
（一時）
宇宙

六・六十甲子構成符號系統

西方自萊布尼茲提出系統觀念，康德、黑格爾接著加以補充與發揮。到了二十世紀五〇年代，才發展成全般系統理論。萊布尼茲當年讚揚並接受《易經》的認識論，使他擺脫了一直困擾西方思想的心物二元認識問題，因此兼顧多與一、一與多的宇宙關係，這才提出「單子論」的構成。把「心」和「物」的關係，都看做「單子」的力量，實際上，就是我們常說的「一之多元論」。所不同的，只是萊布尼茲依然是用西方「神」的概念，來解釋《易經》「道」的說法。

我們心中有數，現代的全般系統理論源自《易經》。西方人不願意承認的心態，我們也十分理解，並且充分加以尊重。《易經》包含陰陽、五行、天干地支，也不能將全般系統排斥在外。彼此之間的關係，當然也必須用心深入研究。

譬如六十甲子，不但由天干地支組合而成，並且是陰干組合陰支、陽干組合陽支。換句話說：只能陽對陽或陰對陰，不容許陽對陰或陰對陽。因為天干十而地支十二，十與十二的最小公倍數為六十，所以組合的結果為六十，稱為「六十甲子」。十天干中，甲、丙、戊、庚、壬為陽，而乙、丁、己、辛、癸為陰。十二地支中，子、寅、辰、午、申、戌為陽，而丑、卯、巳、未、酉、亥則為陰。

陰陽五行與六十甲子，構成《易經》的全般系統，廣泛地應用在氣象、醫藥、樂律、軍事、工藝、史觀、價值……等方面。占卜之術早在兩漢以前，便有專業開館的事實。命學自東漢以後，就逐漸形成複雜的理論和方法，我們不必完全視為迷信。

六十甲子組合表

甲子	乙丑	丙寅	丁卯	戊辰	己巳ㄙˋ	庚午	辛未	壬申	癸酉
甲戌	乙亥	丙子	丁丑	戊寅	己卯	庚辰	辛巳ㄙˋ	壬午	癸未
甲申	乙酉	丙戌	丁亥	戊子	己丑	庚寅	辛卯	壬辰	癸巳ㄙˋ
甲午	乙未	丙申	丁酉	戊戌	己亥	庚子	辛丑	壬寅	癸卯
甲辰	乙巳ㄙˋ	丙午	丁未	戊申	己酉	庚戌	辛亥	壬子	癸丑
甲寅	乙卯	丙辰	丁巳ㄙˋ	戊午	己未	庚申	辛酉	壬戌	癸亥

我們的建議

1 伏羲氏一畫開天，使我們明白易學的根本在象數。孔子說：「五十知天命」，期望我們在生活中正本探原，以求知天。《易經》的數，大多從天文曆數而來。由象定數、由數知象，原本是相通的。由此演繹出易理，更加可靠。

2 陰曆稱為「年」，陽曆叫做「歲」。《易經》所說的「年」或「歲」，顯然和曆數相關。倘若不知道當年的曆數，實在難以解說其真意。所以卦爻辭的解釋，也不過大致如此而已。

3 陰陽的靈活性最大，最具有彈性。五行將行動力分為五類，較為清晰，而侷限性也相對明顯。天干地支的組合，更為精確，於是彈性更小。三者合用，有鬆有緊，演繹出很多學問，而且變化無窮，十分有趣。

4 一頭鑽進去，永遠爬不出來，這是最令人擔心的事。若是由興趣變成迷信，那就不好了！所以讀到差不多就好，信到差不多便適可而止，應該是安全、方便、有效的保障。

5 這些學問，大分為「山、醫、命、卜、相」，在民間流行既廣且久。一方面歷經時間的長期考驗，一方面也屢由各方賢達體悟修正，必然是有其依據，才會歷久不衰。

6 長期以來，由於士人不方便公開研習，反而讓一些不肖術士有機可趁，經常以一招半式，行走江湖，發生不少騙財騙色、害人害己的事實，令人聞之色變，這才將象數的學問視為迷信，而加以排斥、摒棄。

《第三章》

山醫命卜相
說些什麼？

「山醫命卜相」都源自於《易經》，
合稱「五術」，是流傳已久的術數，

大多用來推命、論命以及算命。
人活著就有命，為什麼要全盤否定？

自古以來，我們大多是「富燒香，窮算命」。
貧窮時請人算一算，看看何時才能有轉機？

富貴時不敢算命，擔心運會轉壞，
於是經常燒香拜佛，懇求保祐好運常在。

這些方式，相當於現代的心理醫生，
用來自我激勵和警惕，也頗為有效。

信得合理，就不是迷信；
過分相信，就難免陷入迷信了！

一、山醫命卜相通稱為五術

中華文化，可以簡單濃縮為一個「道」字。物理學家弗里喬夫・卡普拉（Fritjof Capra）在其所著《現代物理學與東方神祕主義》一書中指出：「『道』虛而無形，卻能生萬物。其中『氣』的作用，與現代『場』的概念不謀而合。」反觀，我們卻將古代盛行的「五術」視為棄物，實在是不明智至極！

「五術」即「山、醫、命、卜、相」的合稱，全都源自於《易經》。經常透過「氣、象、數、理」的系統，來解析人體的生命密碼，調節、化解身心健康問題，對每一個人而言，都十分重要。

「山」指入山修練仙道，也就是「養氣於山林」。先由靜坐練精化炁，再練炁化神，最後達到性命雙修，可以成為「真人」，也稱為「神人」或「仙人」。

「醫」即醫道。中華醫術的針灸、湯劑、脈診，長久以來行之有效。我們自古以來，就知道從自然與人體的整體結構關係，來研究生理、病理、病因，以及體內外的信息呼應。從陰陽五行的配合，尋求整體平衡與合理調解。

「命」為命學。人生而有命，倘若沒有命，人便活不了。對未來可能發生的挫折、不安、疾病、死亡，總是希望能夠提前預知，以求逢凶化吉、轉禍為福。因此命學的研究，可說是歷久不衰。

「卜」為占卜，先算出本卦和之卦，再依據所得的卦、爻辭來判斷吉凶。有多種占卜方式，都可以當作參考。

「相」指我們的頭相、面相、手相，以及住所的陽宅和死後殯葬的陰宅。奇門遁甲、堪輿風水，都是大家經常耳聞的相法。指紋也是一種相，在現代犯罪學上有頗多應用。

五術

山	醫	命	卜	相
神仙方術	中華道醫	推算命運	占算未來	觀相論事
養生、靜坐	針灸	探求命運	占卜	天象
武術、修練	方劑	推批流年	神課	人相
符咒、修密	靈療	改善命運	問事	地理

秦漢以前稱為「方術」，後來叫做「道術」

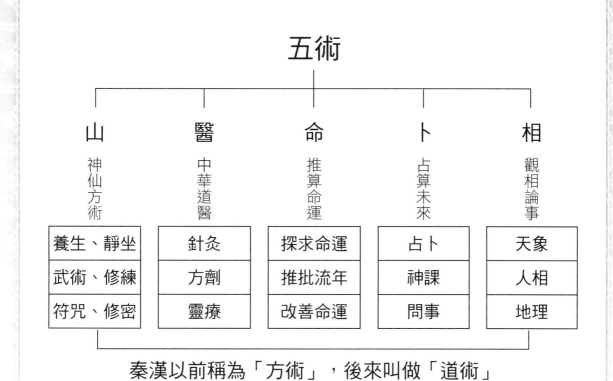

二、入山修練重視性命雙修

古人認為入山修道，可以避開俗事干擾，以求清心修練。這些隱居山林的修道人，通常自稱為「山人」。修練有成的人，則被大家稱為「仙人」。「山」、「人」合在一起，就是一個「仙」字，所以為稱為「仙人」，也不過是一種尊稱而已。

修道時講求天人合一，以「日月星」為天上三寶，「水火風」為地下三寶，而「精氣神」則為人身三寶。先修人身三寶，以神為主導，炁為根本，練成精氣神三合一，現代稱為身、心、意合一。然後再修地下三寶，最後修天上三寶，便成為天地人三才同體合一。先天為體，後天為用，體用合一。

現代人要入山修練，固然十分困難，但也不是完全不可能。只是古人的修練方法，幾乎都是寫給看得懂的人看的。而看不懂的人，即使看了又看，始終覺得有如隔靴搔癢般，無法掌握真正的重點。明白易理的人，知道這是為了防止品德修養不好的人，拿來自己修練，甚至於開班授徒。換句話說，品德修養到什麼程度，自然就能體悟到什麼地步，十分符合「自天祐之，吉无不利」的道理。平心靜氣，少私寡欲，提升自己的道德修養，應該是修道的最佳途徑。

近年來有一股樂活（LOHAS）的風氣，大家尊崇一種既追求健康又愛護大自然的生活方式。致力於提升身心靈的修練，注重當時、當地、新鮮的生機飲食，以簡單、樸素的方式，來打理自己及家人的生活，並學習吐納、靜坐、導引、太極拳、武術、瑜伽、適當運動等活動，逐漸摸索出適合自己的修練方式，堪稱為現代的仙道。

入山修練

利己	利他	救人
健體除疾	為人解惑	破除迷信
開啟智慧	助人解難	傳佈大道
少私寡欲	善心結緣	諸惡莫作
反樸歸真	同道共修	眾善奉行
身心健康	互相切磋	促進和諧
生活愉快	協力精進	服務人群

現代人不一定要入山，同樣可以修練

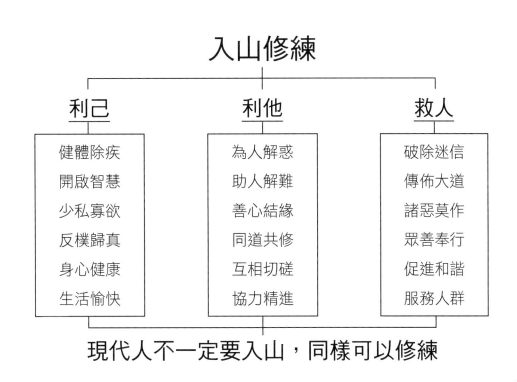

三．不知易就不足以言中醫

中華醫學的主要特色，在於把人視為有機的整體，牽一髮而動全身。而且人和自然規律息息相關，也是統一的整體。人體中各個臟腑、器官、組織，以經絡相連接，透過精、氣、血、津液來運行。表裏相聯、上下相通、協調共濟、相反相生。五臟（心、肺、脾、肝、腎）為陰，六腑（膽、胃、小腸、大腸、膀胱、三焦）為陽。其中，心與小腸、肺與大腸、脾與胃、肝與膽、腎與膀胱，均為陰陽、裏表的關係。三焦則是上焦、中焦、下焦的合稱，並非一個獨立的腑，而是臟腑部位和某些功能的概括。主要在運行水穀及水穀精微，維持人體的正常代謝。

心與小腸屬火、肺與大腸屬金、脾與胃屬土、肝與膽屬木，而腎與膀胱則屬水。火為暑、金為燥、土為濕、木為風、而水為寒。中醫認為這「暑、燥、濕、風、寒」五氣，加上火氣，便成為「六淫」，是百病的根源。「氣」分先天、後天。先天氣稱為「炁」，是維持我們生命活動的基本能量。由於眼耳鼻舌身的活動，使我們體內的炁不斷地被消耗，然後，又透過呼吸、飲食、穴位三大途徑，及時獲得補充。後天吸入的氣，就是我們常說的空氣。先天炁與後天氣，一隱一顯陰陽為用。在炁的生成過程中，脾胃的運化功能特別重要。所以中醫重視飲食的消化與吸收，食療與醫療常兼顧並重，又主張預防重於治療，治未病、重調理，都和易理有關。現代人在譏笑「吃頭補頭、吃腦補腦、吃肝補肝」這種以形補形的食療概念時，最好讀一讀《道德經》所說：「下士聞道，大笑之，不笑不足以為道」！

中醫三大基礎

陰陽

- 有名無形
- 相互依存
- 彼此合作
- 相反相成
- 互相聯結
- 協調平衡

五行

- 完整系統
- 內部結構
- 相互關聯
- 相生相剋
- 協調發展
- 生理規律

信息

- 面色五氣
- 人體全息
- 調控系統
- 神氣經絡
- 情緒影響
- 信息調節

人體是一個小宇宙，精氣神為三寶

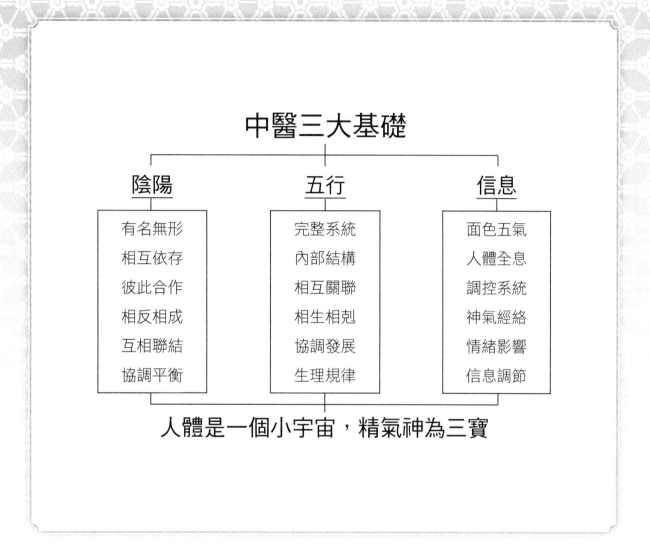

四．命由我造仍然可以推算

放眼大自然，萬物的生長衰亡，都有其一定的規律。人為萬物之靈，難道就可以例外？我們的祖先，應用陰陽動靜、五行生剋、循環周行的法則，長期統計、歸納後發現：宿世累積的總和力量，遠比今生今世的行為善惡，對人的影響來得更為深遠。因此開發出許多具體的算命方法，譬如唐代殿中侍郎御史李虛中所註解的《鬼谷子》，現代稱為「鬼谷先師」，以及流行迄今的「鐵板神數」、「紫微斗數」、「四柱推命」等等，雖然各有千秋，卻全都離不開陰陽五行與天干地支。

老子說人由道生，但道並不主宰人，任人自造自化，而自作自受。「命」字由「口」與「令」組合而成，意思是「我自己發號司令，由自己依據命令而行」。由自己的累世宿命，也就是人生的侷限性，創造出這一生的命。既為自主，當然要自己承受一切後果。我們生而為人，一生一世，成為自編、自導、自演的歷程，最重要的，即在自己欣賞、體驗、領悟出自己所需要的道理，以便下一世好好安排自己的一生。務求愈演愈好，一世比一世更長進。

為了怕演錯了，誤了自己，也害得同台演出的人，由於自己的忘情、口誤，或是刻意求新求變，弄得大家亂了套，甚至於演不下去，這才需要預先推算原本就是自己安排，卻又想不起來的某些情節——若能抱持這樣的心態來算命，就可以因應內外變數，做出階段性的合理調整，收到持經達變的效果，對自己十分有利。否則，但求趨吉避凶，豈不成為投機取巧？而且偏離了今生今世所要修習的功課，等於是和自己開玩笑！

命學和《易經》的關係

不易	變易	簡易
先天一炁	後天環境	二氣五行
聚而成形	不同教養	配合成卦
各有天命	各有意向	天干地支
個別差異	習慣不同	算出八字
自己造命	生存之道	未來變化
自作自受	互有差異	可供參考

對一般人準確，對特殊人士反而不準

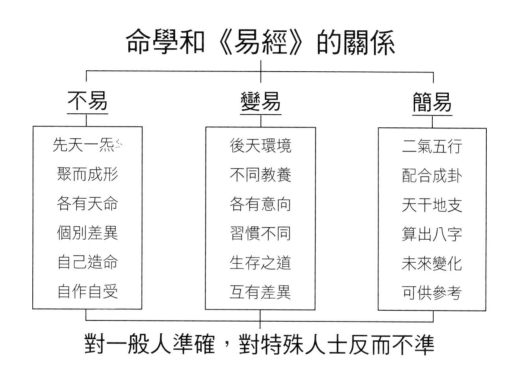

五、中外都有占卜形式不同

《易經》占卜屬於中華文化的一部分，而「塔羅牌」（Tarot cards，又名「吉普賽魔牌」）可以說是西方文化的代表性占卜。因為人性畢竟是相通的，具有十分相近的需求，只是用以滿足需求的工具有所不同而已。若是彼此能夠求同存異，文化才能和諧交流，不至互相衝突，甚至於引發可怕的文化戰爭。

塔羅牌一共有二十二張，號碼依序代表：0流浪1創造2智慧3豐收4統治5援助6結合7勝利8意志9探索10輪迴11均衡12犧牲13結束14淨化15咀咒16崩潰17希望18不安19生命20復活21完成。實際上，同樣涵蓋了天（超自然的裁判力量）、地（大自然的主宰力量）、人（人性及人際間的衝突與化解）三才，和易卦的道理幾乎是一致的。

現代的年輕人，會玩撲克（橋牌）、算塔羅牌，卻不下象棋、不會以蓍草占卜，請問大家有什麼感想？是不是我們的文化傳承出了問題？還是有意無意地把後代子孫推向西方，而忘掉了自己的根本？值此東西文化快速交流之際，西方挾商業化的凌厲武器，毫不留情地入侵我們，而我們又該如何因應呢？

最簡易的占卜，莫過於靈數占卜。把出生年、月、日的數字加總起來，譬如2013年3月22日出生的人，就把2、1、3、3、2、2加在一起，得數為13。再把1和3加起來，成為4，就是這個人的靈數，可以大致推算出這個人疑心病很重，不相信他人；感情相當激烈，很容易嚇跑別人；富有正義感，口才好，會有很好的晚年。事實上，每個人都有其靈數，可以做為自我調整的參考。

易學有兩大功能

《易經》用以占卜

占卜目的不在趨吉避凶，
否則必然成為投機取巧。
何況吉可能變凶，
而凶也可能變吉。
君子、小人對吉凶，
也有不同的認知。
占卜目的是用以認識義理，
然後遵循義理而行。

易傳說明義理

義理的闡揚，
目的在培養道德人格。
孔子從正面提示，
老子從反面加強。
兩位大聖人目標一致，
都在宏揚易學的義理。
儒道合一而不分，
才是學易的最佳方式。

辭、變、象、占，四道兼顧並重

六、天象地理人相都稱為相

伏羲氏當年由於沒有文字，不得已一畫開天，用「象」來表示。〈繫辭・下傳〉說：「易者，象也。象也者，像也。」〈繫辭・上傳〉也指出：「吉凶者，失得之象也。悔吝者，憂虞之象也。變化者，進退之象也。剛柔者，晝夜之象也。」後人因而十分喜歡看象：天有天象，現代稱為天文學；人有人相，發展為人相學；地也有地象，現代叫做堪輿學。

清朝曾國藩，便是以人相學出名，左宗棠欽佩之至，曾上奏朝廷，希望最好能下令所有官員都學習相人術，以免看走眼、用錯人。領導者的首要任務在知人善任，倘若能夠深知相人術的玄妙，知人並且善任，對社會的貢獻必然非常大。

手相的發展史，無論中外，都相當悠久。手相既能判定先天的命，也能看出後天的運勢。其中，感情、智能、生命是三大主軸，最好綜合研判，左、右手對照著看，將會更為完整。而且手相的變化很快，可以藉由心念改變自己的手相，以求改運。

說到風水，更是全世界都關注的學問。雖然名目不同，內涵也不一樣，但是對於居住環境的空氣、水質、噪音、交通、安全性、座落方向、附近是否有高壓電線……等問題，都十分重視。我國的堪輿，特重青龍、白虎、朱雀、玄武四神的相應。東方青龍，表示太陽上升；西方白虎，象徵交通頻繁；南方朱雀，意味陽光普照著廣闊的原野；北方玄武，有阻擋寒氣的功能，使人不受風寒的侵襲——坐北朝南，後有高山，前面是廣闊原野，東有清澈流水，西為暢通大道，構成良好的居家環境，當然是既方便又安全，稱為「好地理」。

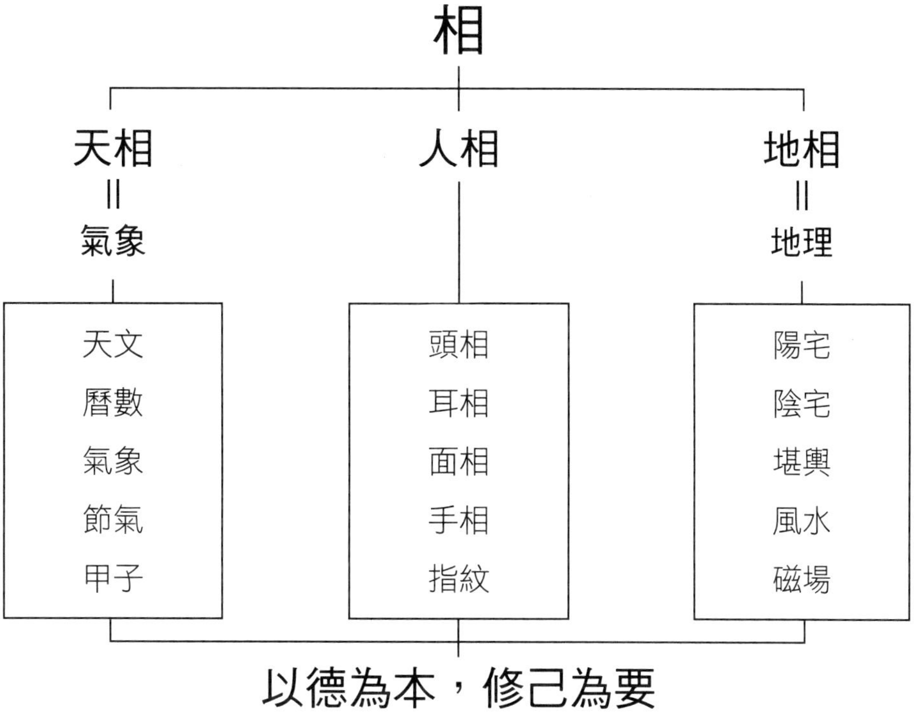
相
天相
人相
地相
氣象
地理
天文
曆數
氣象
節氣
甲子
頭相
耳相
面相
手相
指紋
陽宅
陰宅
堪輿
風水
磁場
以德為本，修己為要

1 五術的共同目的，都在提供我們今後為人處世的一種指引。既不可盡信，也不必完全不信。因為所說的都是一種機率，僅能參考，並非百分之百可靠。

2 最好的態度，應該是聽得順耳，就把它當作勉勵；聽起來逆耳，就把它當做忠告。倘若十分相信，恐怕會造成心理暗示，反而容易密切配合，導致事事都符合預測，未必有利。

3 五術的共同基礎，是「一切有定數」。這一句話的真正用意，是「歷經種種變數，最後出現的才叫定數」。可見定數是可以改變的，不改或改到不能再改，即為定數。

4 每個人都非常關心自己的吉凶禍福，並非只是單純滿足好奇心而已，倘若能夠預先知曉，就可以做好合理的因應與調整。現代科技，尚不能在命學方面有所貢獻，所以歷代先賢在命學上所投注的心血，我們最好能夠加以發揚，以提升其價值。

5 不幸的是，少數信口雌黃或言過其實的江湖術士，以算命為幌子騙財騙色，這才使命理被貶為迷信。然而，學術界不屑或不敢涉及命學，其實也是不負責任的表現。但求自保，力加詆毀，無法滿足社會大眾的需求，反而促使江湖術士有機可趁，更加不求上進。

6 最有效的途徑，是提高自己的品德修養，先以德為本，然後再來研究五術。同時，也要提高警覺，明白若是亂用、誤用或濫用五術，結果將會自召凶禍。這種因果，歷來都十分應驗。

《第四章》

現代人如何看待五術？

山、醫、命、卜、相，術不同、理相同，
世間萬物有不同的象，但都是一炁所化成。

一般人認為「術」很高明，卻不知「道」更玄妙，
必須以「道」御「術」，才能貫通精妙，掌握要領。

現代人能動不能靜，最好是先靜下來，
對「氣」做深一層的認識，明辨「氣」和「炁」的不同。

仁心仁術，是醫德的表現，當然是良醫。
能算別人的命，是不是先算算自己的命，結果如何？

倘能早日明白大道的玄妙，占卜自精。
五術都由道產生，必須遵道而行才合理。

一切不外乎天人感應，以守正、守德為要，
必須自己堅持正道、合乎天道，才能吉无不利。

一 • 山河大地莫非有形之勢

自古以來，我們便明白「形勢比人強」的道理，時常感嘆：「人在屋簷下，不得不低頭」，表示外界的環境，對我們的確有很大的影響力；但是，我們也不可能是「環境決定論」的支持者，不主張向環境低頭，而放棄自己的理想——這不是矛盾，而是「一陰一陽之謂道」的具體表現。

人要修練，最要緊的是呼吸。我們總以為呼吸人人皆會，實際上其中的道理非常深奧，值得我們好好鑽研，以明其究竟。呼吸以「氣」為主，透過呼吸形態的改變，來轉換氣的型態。唐代道士施肩吾指出：「天人同一氣，彼此感而通；陽自空中來，抱我主人翁。」現代科學將我們的腦波分成α、β、θ、δ四種，其頻率各不相同。倘若我們的腦波能夠控制在七・五赫茲，便可和宇宙能量相應，身上細胞不至老化，能保持鶴髮童顏的形態。

古人看到山有枯榮峻隘，河有彎曲盈滯，發現萬物形象雖有不同，莫非一炁所化，於是日月山河，都成為修練的良好助緣。現代人對山河大地，大多是採敵對態度，也可以說是破壞的，只想試圖改變它、征服它，卻不知道順應它來促進自己的健康、增長自己的壽命。

我們最好先靜下心來，對「氣」做深一層的認識。從口鼻呼吸的有形之氣，也就是後天氣著手，把吐納的過程把握好，再進一步認識無形的先天炁。這樣，憑自己的感覺，就可以辨別、抉擇並且利用外界環境的氣場，來配合自己的氣的轉化，達到保健養生、減緩老化的真實效果。

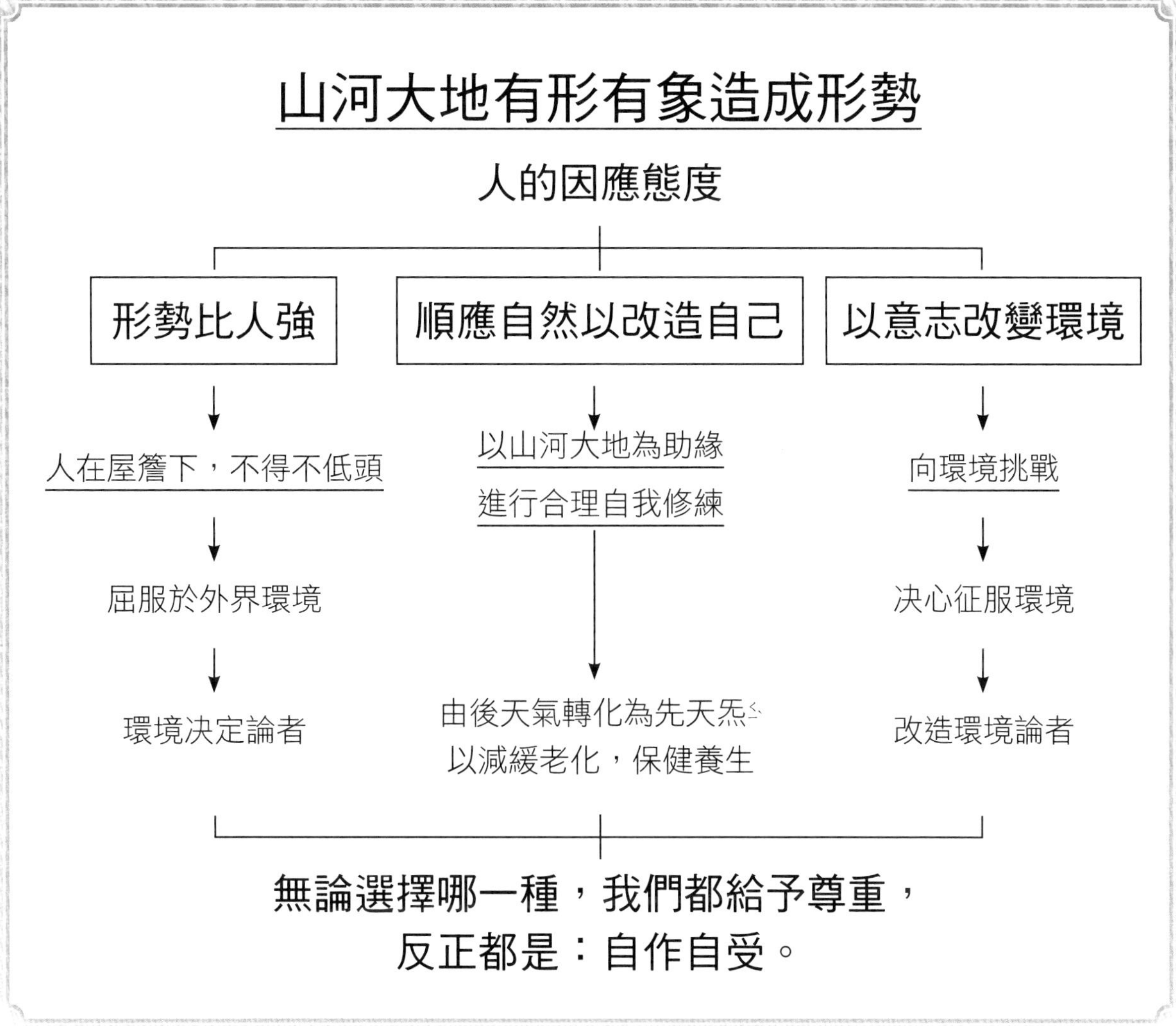
山河大地有形有象造成形勢
人的因應態度
形勢比人強
順應自然以改造自己
以意志改變環境
人在屋簷下，不得不低頭
以山河大地為助緣
進行合理自我修練
向環境挑戰
屈服於外界環境
決心征服環境
環境決定論者
由後天氣轉化為先天炁
以減緩老化，保健養生
改造環境論者
無論選擇哪一種，我們都給予尊重，
反正都是：自作自受。

二。明醫庸醫在於醫德不同

醫的主旨，在調養人體的陰陽，協調氣候的溫燥，節制人性的動靜。醫師眾多，卻是明醫難覓，主要原因即在有術無道，或者有道無心。我們常說「仁心仁術」，意思是有醫道、有醫心，還要有醫術，三者缺一不可，以免成為庸醫，既誤人又害己。唐代名醫孫思邈說：「不知易，不足以言太醫。」「易」便是醫道，從伏羲一畫開天，到《黃帝內經》，歷經漫長歲月的鑽研，才形成了中華醫道，所以說：中醫以「易」為體。在《黃帝內經》中，有「女七男八」的數據：「七」為陽，「八」為陰。以「陰、陽」二氣，配合「金、木、水、火、土」五行，則稱為「二氣五行」。現代科學，也證明七（陽）×八（陰）×五（五行）的乘積為二八〇，正好是嬰兒在母體內的懷孕時間。醫道永恆不變，醫術則隨著時代的變遷而有所不同。至於變好或變壞，進步或退步，則繫於醫師的仁心。一心之用，雖然差之毫釐，卻失之千里，成為庸醫與明醫的分野，變化莫測。

醫心並不是單方面的，而是醫師與受醫的人，彼此將心比心、互相影響的結果。我們常說「醫生才，病人福」，醫師的才能相對確定，而病人的福份卻相去頗遠。同樣的病，同樣的藥材，某甲被醫好了，某乙卻沒有效果。其中的緣故，應該並不單純，而且相當複雜多變化。倘若醫師視受醫者如親人，醫德良好，而受醫者福份也俱足，那就是天人相合，有如神助，當然藥到病除，雙方都心安。這種關係，現代醫學遠不如古代中醫，我們卻不能因此而視為迷信。凡以仁慈為念，便能心同此理，不證自明。

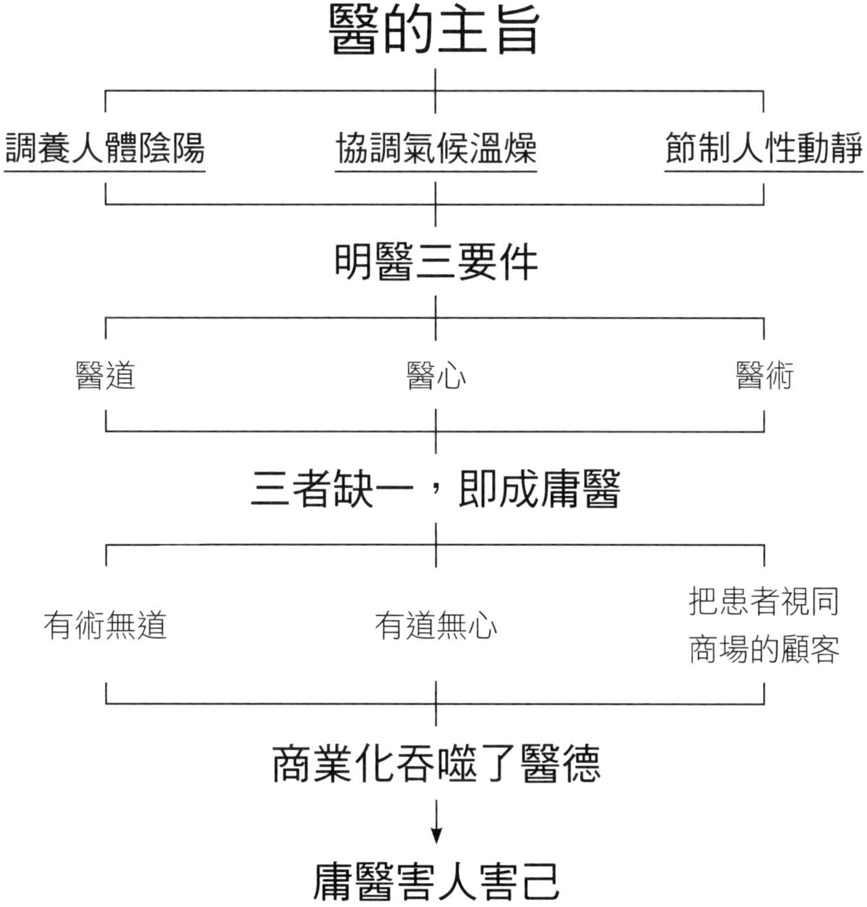
醫的主旨
調養人體陰陽
協調氣候溫燥
節制人性動靜
明醫三要件
醫道
醫心
醫術
三者缺一，即成庸醫
有術無道
有道無心
把患者視同商場的顧客
商業化吞噬了醫德
庸醫害人害己

三。反觀用心自能改變命運

人一生下來，就有一條命。這條命在短短百年期間，想做些什麼？是由自己在生前就已經做好計劃，甚至於相關配套的人、事、地、物，也都早已一併考慮齊全。這種先天帶來的人生規劃，便是我們常說的「天命」（先天設定的自我命令）。我們要不要加以改變？怎麼改變？實際上也是由自己決定。只是我們太喜歡把責任往外推，所以常常怨天尤人，不能安靜地反求諸己，徒增很多苦惱。

我們也知道，落土八字命，不外乎累世或前世因果的累積。說是自己所決定，實際上牽涉的因素太多，有理想更有無奈。命的好壞，既然是前生所造成，我們今生所能做的，便是盡力把命改好。改好的原則，也十分簡明：欲成富貴者，必行富貴事。方法是：能施則能富，能捨便能貴。可惜很多人偏不相信，而相信的人又不能躬親實踐，以致日夜盼望，求神拜佛，始終落空而離富貴甚遠。

現代人多半認為「知難行易」，然而，改變命運似乎剛好相反，恰恰是「知易行難」——我知道、我知道，只是做不到！

把自己原來的命，暫且擱置起來，不去論它。在日常生活當中，能施便施，並不限於金錢財貨；能捨即捨，主要在捨棄自己的惡習陋性。能夠如此，自然不好的變好，原本好的變得更好。倘若行之日久，仍然未見好轉，表示本來的命很壞，需要更加努力施捨，才能收到效果。這樣的反觀自己，用心調整自己的心態，應該可以改變命運。自己的命運自己造，自己的命運自己改，這才符合「自作自受」的定律。

命由我造

想改

想改命不難。
心一改，
相跟著變，
命運也就改了。
正心、堅持守正，
凡事不生邪念，
壞會改好，
好變得更好，
真的很容易。

又想改又不敢改

猶豫不定，誤了自己。
有什麼好擔心的？
下決心改就好了。
實在不行，
不去改它，也就沒事。
其它的事，不適合二選一，
但改變命運這種大事，
最好二選一，
早日決定，早日堅定不移。

不想改

聽天由命也不錯。
天最高明，
聽天的更加安全。
會造成這樣的命，
當然有緣由。
不想改就不必改。
安分守己，
樂天知命，
倒也快活自在。

四　知大道玄妙則占卜自精

我們活在當下，意思是生活在過去和未來之間。過去的已經成為往事，而且不可能重新來過，屬於「不易」的部份；未來的充滿不確定，屬於「變易」的部分。現在可以說是「不易」和「變易」的交界。緬懷過去固然能夠展望未來，但禍福、吉凶畢竟變幻莫測，使得我們對於預測未來，更充滿了無限的好奇與期待。自古以來，占卜便是人們預測前途和命運的主要方式，只是手段和工具有所不同而已。《中庸》說：「至誠之道，可以前知。」前知便是現代人常說的「事前預測」，也就是〈繫辭‧上傳〉所說：君子將有所作為、有所行動時，透過占問的方式詢問《易經》，而《易經》則是以卦爻辭來回答。無論遠近，無論多麼幽隱或深奧，終能知曉未來的變化。倘若不是天下最精深的道理，又有誰能夠如此呢？

最重要的是：《易經》卜筮（ㄕˋ）的結語，都離不開吉凶悔吝、安危禍福，它是一種「質」的警示，並沒有「量」的成分。我們占卜時，除了恭敬、誠意之外，尚須精通卦爻及彖（ㄊㄨㄢˋ）、象、繫傳的密切關聯，才不致產生誤解。誠如〈繫辭‧下傳〉所說：「易之為書也，廣大悉備。」《易經》涵蓋天道、人道、地道，當然廣大完備；又說：「易之為書也，原始要終。」萬事萬物的盛衰循環，都是不可見而且不定期的來復。我們無事不可問《易經》，它所指示的，是一種方向，至於「量」的多少，必須自己努力。所以占卜所得到的答案，無非「大致如此」，千萬不要「鐵口直斷」，以免害人害己。現代稱為「周期性變化」，只要一念至誠，其實無須占卜，也能洞察無礙。

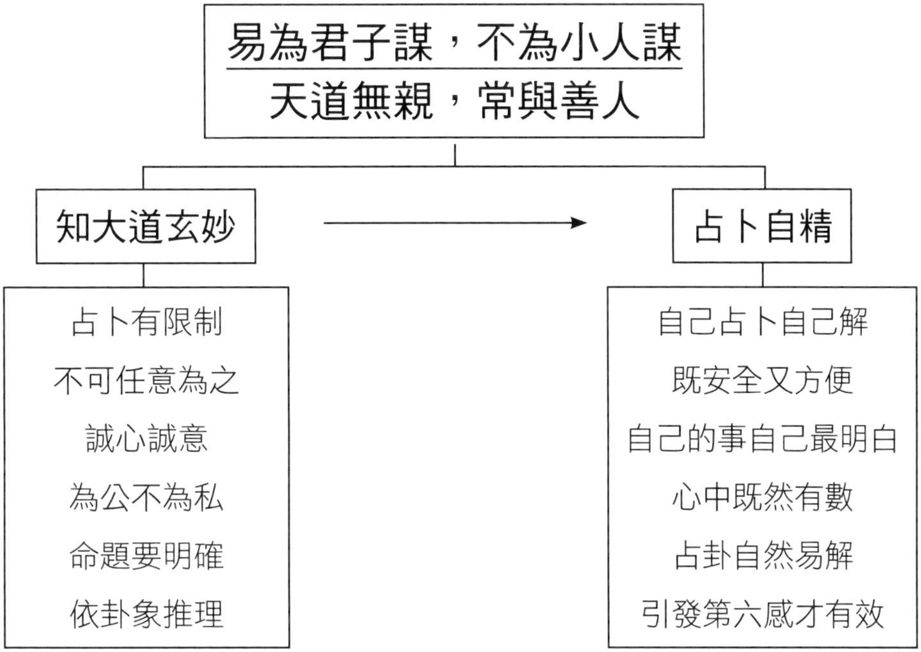
易為君子謀，不為小人謀
天道無親，常與善人
知大道玄妙
占卜自精
占卜有限制
不可任意為之
誠心誠意
為公不為私
命題要明確
依卦象推理
自己占卜自己解
既安全又方便
自己的事自己最明白
心中既然有數
占卦自然易解
引發第六感才有效

五、相好莊嚴惡由我心而生

我們生而為人，不可能沒有軀體，否則便是遊魂野鬼，根本無法有所作為。人既然有頭有臉，就必須有所區別，以方便辨識。相貌的基本作用，是為了建立一套人世間的識別系統。但是，深一層想，身體、面貌、骨格，都是累世所作所為造成。依據長久的統計，發現「相由心生」，由表面的相，可以推知內裏的心。我們從人的短暫一生，身體、面貌、骨格都在變化，就可以看出有因必有果。我們知其因就能測其果，反過來，看其果也可以測其因。「人心不同，各如其面」，這是對大眾而言；「人的心一變，面相就會隨著改變」，則是針對個人而說的。我們知人、知面，實際上是為了知心。現代人喜歡整容、擅長偽裝，又屢次接受「口蜜腹劍」的培訓，對於人相學的需求，似乎比往昔更為迫切。

但是，現代人不重視繼舊開新、推陳出新，只知道求新求變，導致誤認為「凡新的便是好的」，因而「喜新厭舊」。不但把頭髮染成五顏六色，而且想盡辦法，把自己整得「面目全非」。殊不知外表虛假，內心也不會真實。這種「自欺欺人」的風氣，瀰漫全球，實在是大不幸！現代人只敢求「小確幸」，已經反映了這種大不幸。

相好不好？主要在莊嚴與否。一個個裝可愛、假慈悲、偽和善，為了討好眾人而喪失莊嚴，似乎成為現代人的通病。人身難得，何必扮禽獸？表面好看，內心醜陋，根本就是欺騙自己。今生的相，大多是為了配合這輩子所必須完成的任務。能有這般見識，自然就會先接受自己，然後再求修心改相。

相貌給人第一印象

乍看很好 愈看愈差	怎麼看都沒有改變	乍看不起眼 愈看愈順眼

不要以第一印象決定別人
卻要小心別人常以第一印象決定我們

儀容整齊	隨著內心變化	為自己而活
學習禮儀	自然流露感情	不在乎別人怎麼看
保持微笑	發乎情而止乎禮	反正我就是這樣

各有利弊，最好能因時制宜，但必須真誠。

六・自天祐之方能吉無不利

大有（䷍）卦上九爻辭：「自天祐之，吉无不利。」「自」代表我們自己，「天」即是大自然。「自天」象徵天人感應，有如獲得上天的保祐和協助，也就是我們常說的「如有神助」。

我們最好不要自稱「人類」，以免把自己歸為「動物的一類」，喪失了「人為萬物之靈」的尊嚴。更不應該說什麼「人類沙文主義」，來掩飾自己的不求上進。能夠善盡「贊天地之化育」責任的人，才有資格稱為「天地人」，也就是我們常說的「頂天立地」，而不僅僅是「人類」。先求「自己的肚子自己飽」，再來「自己的責任自己了」，完成「自」的功夫，自然就會獲得「天」的感應。於是「自天祐之」，做人做事，無不圓通合理，如有神助。而「吉无不利」的效果，也會隨著呈現。既用不著企求，也不能夠自誇其功、自恃其能。否則一旦「泰」極，「否」就會隨之而來。

「山、醫、命、卜、相」合稱五術，在民間十分盛行，可惜一般人只看到表面，便苦苦追求。殊不知有術無道，和有道無心，同樣都是害人誤己。不如再上層樓，明白大道的玄妙，則其術自精、其心自通，也就自然能夠趨吉避凶了。

「道」永遠存在我們心中，人人皆有。行道而有所得，便叫做「德」。道是整全不可分的，德則是分而不全的。所以一言一行，都必須慎始。因為德是離道的第一步，倘若有些許差錯，後果很可能不堪設想。為了減少後悔，不如事先詳加思慮。凡事豫則立，現代人盲目追求快樂，相當於豫卦（䷏）上六爻：「冥豫在上」，整日昏天暗地放縱行樂，當然不可能長久。

自天祐之

「自」指自己努力　　「天」即上天感應　　「天人合一」如有神助

凡事盡人力以聽天命，不可強求

有感應必感謝：謝天謝地

無感應要自省：自己做得不夠好

感應不明顯要冷靜：守時待命最妥當

無論結果如何，一律歡喜承受

↓

不怨天，不尤人

↓

吉无不利

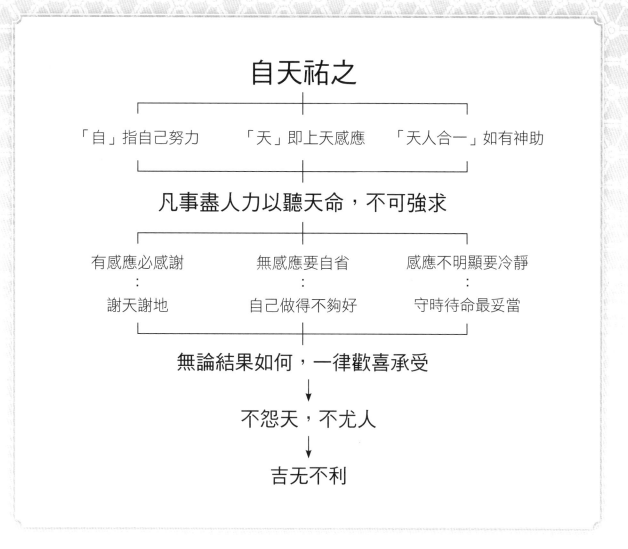

我們的建議

1 有些人認為占卜、算命、看相、堪輿，不過是小術，對於有志於大道的君子來說，根本就不值得一提。殊不知這樣一來，「一招半式走江湖」的人便會日愈增多，對社會人群所造成的危害也將日愈加劇。由於不能善盡責任，才讓小人有機可趁，說起來，君子也應該為此而感到愧疚。

2 人生來即有個別差異，也有上智下愚之分。有些人對術深信不疑，也用心追究。其實只要能夠明道，正確發揮術的功效，對社會人群就有一定的貢獻。

3 天地是大宇宙，人身是小宇宙。人生活在天地之間，為人處事，都應該心存善念。因為從感應的原理可以推知：「想好的事，可招善神；想壞的事，必招陰鬼」。凡事好壞，莫非自招，所以我們常說「自作自受」。

4 「閒談莫論人非，靜坐常思己過」，這是人人在道德方面所必修的基礎課程。為什麼要思己過？因為改毛病、去陋習，是自我修治的主要原則。自天子以至於庶人，莫不如此！

5 以「繼舊開新」、「革故鼎新」、「推陳出新」，來取代「求新求變」，是現代人共同需要的核心課題。因為種種弊病已經愈來愈明顯，也愈來愈嚴重，必須特別加以警惕。

6 因此，我們最好從革卦（䷰）和鼎卦（䷱）著手，探究「革故鼎新」的道理，以期及早恢復古聖先賢所揭示「持經達變」的道理，扭轉現代所流行的「求新求變」風氣，以免造成嚴重後患。

《第五章》

為什麼
利不百不變法？

古訓有云：「利不百不變法」，
因為關係到國脈民命，實在非同小可！

孔子當年不倡導革命，但求撥亂反正；
孟子由於時機成熟，才主張當革而革，不失時。

革卦（䷰）彖ㄊㄨㄢˋ辭：「革之時大矣哉！」
當革才革，不當革千萬不可革，時非常重要。

革命是非常事業，非不得已不能為，
變化必須有百利才為之，同樣不可亂為。

革故鼎新，說起來容易，做起來必須相當謹慎，
因為舊的缺失易明，而新的弊病未發，十分難知。

歷代變法之所以敗多成少，值得深入研討，
說起來都是意見太多，人多嘴雜才好事變壞。

一．水井污濁必須清淘變革

〈序卦傳〉說：「井道不可不革，故受之以革。」井田制度從黃帝時代便開始成形，以八家為一井，將一塊土地劃分為九區，二縱二橫四條道路貫穿其間，形成「井」字形。周圍八區，分別由八家各自耕作；中央為公田，則由這八家合力耕作，以為課稅之用。「八」表示分開，而「九」象徵長久。中央設置一口井，使九個區域都能長久受益。井中的水，倘若經常取用，應該是用不盡的。但是井中的東西，長期無法受到陽光照射，空氣又不夠流通，勢必腐爛敗壞，因此必須加以清理，使井水由污濁恢復清澈，才能繼續取用。「革」的意思，便是汰舊換新，所以井卦（䷯）之後，即為革卦（䷰），提示大家：必須做到《大學》所說：「苟日新，日日新，又日新」。然而，值得我們深思的，是這個「新」字，究竟是什麼意思？把井水抽光，然後注入新水嗎？新注入的水，一定勝過原先井中的舊水嗎？井水源源不絕，又怎麼抽得光呢？就算真的抽光，能保證獲得清澈的水嗎？

井水原本清澈，為什麼變得污濁？主要的原因，並不在水，而在於使水污濁的那些腐爛敗壞的東西。倘若不能加以清除，即使把井水抽光，也不能解決井水污濁的問題。現代人一味求新，認為凡是新的必然勝過舊的，這便是不明白革道的根本所在，也就是忽略了《易經》所說的「變中之常」——既超越時空，即無所謂新舊。現代人只看到「變易之易」，卻忘掉了還有「不易之易」，因此看偏了、想歪了，才斷定一切舊的都不如新的。

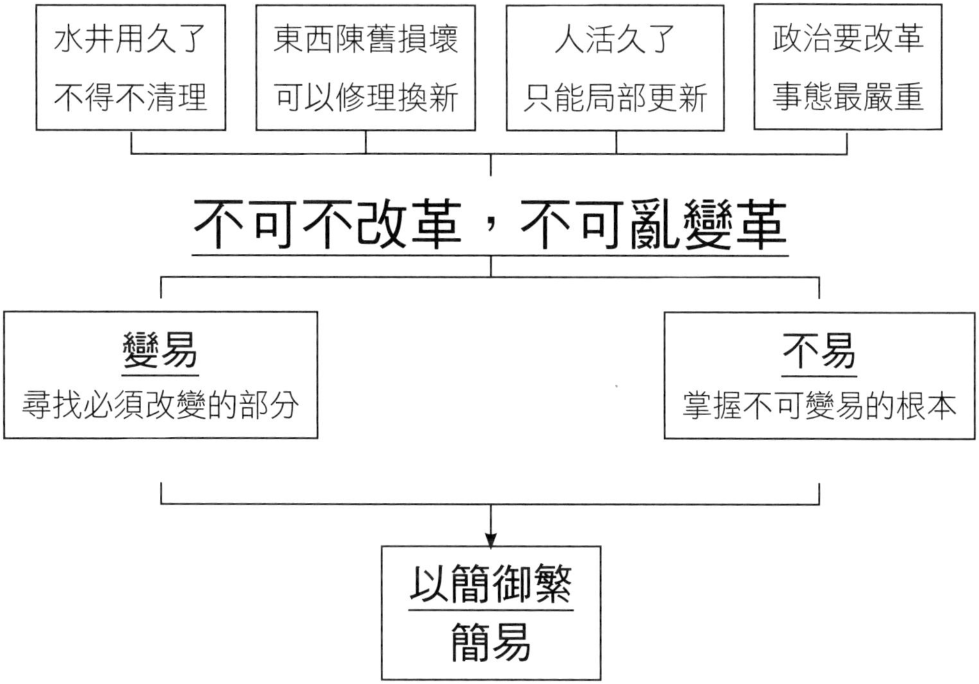
水井用久了
不得不清理
東西陳舊損壞
可以修理換新
人活久了
只能局部更新
政治要改革
事態最嚴重
不可不改革，不可亂變革
變易
尋找必須改變的部分
不易
掌握不可變易的根本
以簡御繁
簡易

二・變革必須掌握變中之常

《論語・為政篇》記載：「殷因於夏禮，所損益可知也。周因於殷禮，所損益可知也。其或繼周者，雖百世可知。」意思是：殷代因襲夏禮，我們把殷禮和夏禮拿來比較，可以找出其中增加或減少的部分。周代因襲殷商的禮，我們兩相比較，也不難發現其中增減的部分。由此推知：將來接續周代的，即使一百代以後，我們也可以推算出來。

夏、商、周三代的禮有所損益，是變易的部分，稱為「變易之易」；一百代以後的變化，孔子當時表示可以預測出來，便是變中的常，稱為「不易之易」。「變易之易」是「用」，因時空質能而制宜，必須有所變易；「不易之易」則是「理」，超越時空質能，恆久不變。我們以不易的常理，來活用變易的事物，才叫做「執簡馭繁」，也就是「簡易之易」。

世間的是非，既有絕對的，也有相對的，這才合乎「一陰一陽之謂道」——絕對中有相對，而相對中也有絕對。相對的是非多而無常，絕對的是非一而有常。舉例來說：「知仁」和「行仁」是不易之常，屬於絕對的部分。而「知仁」與「行仁」的具體言行，則會因時、因地、因人、因事而變易，為相對的部分。「厚生」是不變的目的，「正德」、「利用」卻是變易的方式和手段。我們常說：「應該變的才可以變，不應該變的當然不能變」，便是「變易」與「不易」必須兼顧並重，不可有所偏頗。現代人重視求新求變，顯然忽略了變中不易的常則，導致社會秩序失常、氣候失常、人際關係失常，便是十分嚴重的後遺症。

持經達變	v.s.	求新求變
先掌握住不易， 再來合理變易。 所有變化都有脈絡可循， 所以一百代以後的事情， 也可以推測而知。 這是圓周式思維， 周而復始、循環不已， 生生不息的原動力即在此。		但知變易， 不重不易， 這樣一直變下去， 根本就沒有脈絡可循。 不但難以推測未來變化， 而且容易造成不連續的後果。 這是直線型思路， 所呈現出來的特色。

三、原則不變而方式則可變

哲學家說：「本體不變，而現象萬變。」現象，就是物所表現出來的形象，千變萬化，確實是難以掌握的無常；本體，則是現象背後某些看不見的本質，是永久不變的，只是我們一直到現代，仍然無法確切地指出是什麼東西。老子當年不得不用「道」來表示，到現在依然是最佳的答案。道體不變而道用萬變。老子更進一步，將體用合在一起，尤其切合易學的精神。原來本體和現象，也是二而一、一而二；或者說一而二、二而一的。於是，我們又證明了道學比哲學高明。

用最簡易的話來說：生活法則不變，而生活方式可變。如果說「民主」是一種生活方式，便不應該要求全球統一，卻必須容許因地制宜。它的生活法則，可以說是「民貴」、「民本」。所以「民貴」、「民本」不可變，而「民主」的方式，則可以多變。推而廣之，以人為本、以民為貴，才是公理。至於「民主」、「法治」、「自由」、「人權」，則應該因時、因地而制宜，不可以全球一致。

科學無國界，可以全球通用，然而如何應用科學，東西方依然有不一樣的思路。西方所發展出來的科學應用，中華民族不可能將它全盤輸入，諸如網際網路、手機使用、智慧型居家……等等，以及由智慧財產權所衍生出來的M型社會，我們都必須用心加以篩選、調整、改變，秉持「我們不能離開科技，但是依照現代的科技應用方法，我們終將死於科技」的不變原則與態度，謹慎對待。如此，才不致辜負先聖先賢的苦心啟示，足以擔負起「人為萬物之靈」的神聖責任。

原則不變 — 方式可變

內方

我們生活的基本原則：
簡單、樸素、實用；
勤勞、節用、合理；
負責、熱誠、可靠。
當然要代代相傳，
不能加以改變，
以期保持民族的特性、
文化的特質。

外圓

我們的生活方式，
可以隨著時代的變遷，
做出合理的調整，
但是不能違背基本生活原則。
因為家有家風，
民族也有民族的風格，
必須代代傳承下去，
這樣才是飲水思源、不忘本。

四、事有因果但是人有責任

科學講求「事有因果」，倡導「對事不對人」。研究科學，主要在闡明真理，至於有什麼用途？那是另外一回事。但是，《易經》的觀點並非如此。我們認為事當然有因果，但是人更應該擔負起「贊天地之化育」的責任。我們把科技應用視為「一種重大的社會責任」，便是十分可貴的思路。

革故鼎新，當然「事」有因果，但是對後代子孫所造成的影響，則是十分明顯，應該屬於「人」的責任。現代人輕易放棄「人的責任」，只沉迷於「事的因果」，試問：這樣還像個「人」嗎？頂多是像「現代人」而已，怎麼看都不像是「中國人」。

當初，我們把「Science」翻譯成「科學」，造成現代盲目於「科學萬能」的錯覺，便是最為明顯的案例。自然科學，絲毫沒有問題。但社會、人文，為什麼是科學呢？難道體育、美術、音樂、舞蹈也是科學？當然不是，至少不完全是。領土歸屬、自由民主的問題，十分明顯地，科學根本解決不了。由此觀之，科學也有其限制，並非萬能。

「Science」倘若翻譯成「學科」，那就什麼問題都沒有了。自然學科、社會學科、人文學科，各種學科，各有不同內涵、不同功能，也各有不一樣的研究方法。自然有自然的規律，社會也有社會的規律，雖然可以轉化，卻不能強制互換。各種學科，有其不同的因果，人的責任也並不相同。我們在這種正確的方向和基礎上求新求變，才可能納入「持經達變」的正軌——有所變也有所不變，做到「以不變應萬變」，成為真正的現代中國人。

事有因果

有因必有果，
有果必有因。
因果是科學，
並沒有國界。
全球一致化，
稱為自然規律。
人人都離不開因果，
所以人人都自作自受。

人有責任

人有責任，
而且十分神聖，
稱為「贊天地化育」。
凡事必須有整體觀，
不但要思慮周全，
而且還要想得更長遠。
發生任何後遺症，
自己都無法推卸責任。

五、改革政治不能倣效歐美

歐美的物質文明，我們已經完全倣效、全盤接受，以致有些人，也開始主張政治西方化。殊不知，中華道學從黃帝開始，便重視「道政合一」。自古以來，便把政治視為第一要務，對於政治的道理，可以說是獨步全球，居世界之冠。而歐美諸國，許多道理至今仍未想通，許多辦法在根本上還沒有獲得解決。中山先生苦口婆心地勸告大家：歐美有歐美的社會，我們有我們的社會，彼此的人情風土各不相同，如果一味盲從附和，在改革政治方面完全倣效歐美，對於國計民生必然是有大害的！

何況歐美各國，其民主制度也各不相同。因為社會學科，必須受到「國度」的限制。科學的研究，雖然說沒有國界，但是科技的應用，在許多國家卻各有其不同的限制。同性戀結婚合法化，以及對於網際網路使用的限制，便是眾所熟知的課題。

把「Science」翻譯成「科學」，將「道學」硬說成「哲學」，接下來「自由、平等、人權、民主」等等「虛而不實」的名詞趁虛而入，造成今日美其名為「多元」，其實是「混雜」的社會。弄得父母不敢管教子女，只能和子女當朋友；老師不敢教導學生，以免被貼上「不識時務」的標籤而灰頭土臉；政府不敢教化百姓，否則便是不尊重民意。事實上，我們不可能反對改革，卻認為應該以「道德教育」為不易的基礎，然後才來建立科學與民主的新文化。倘若不能以道德為最高信仰，便冒然鼓吹自由、民主、人權、法治，恐怕未受其利、先受其害。不但中國人做不成，現代人的理想也將形同泡影！

政治為全體人民服務，必須切合本地風土人情

歐美文化有三大基石

- 宗教
- 科學
- 法律

歐美政治制度，
實際上各有特色，
在歐美都難以統一，
怎能移植到東方？
強制要求，
實際上根本行不通。

中華文明有兩大要素

- 道德
- 藝術

自黃帝以來，
我們便實施道政合一。
政治成為第一要務，
因為它攸關國計民生。
倘若完全倣效歐美，
必然造成重大禍害。

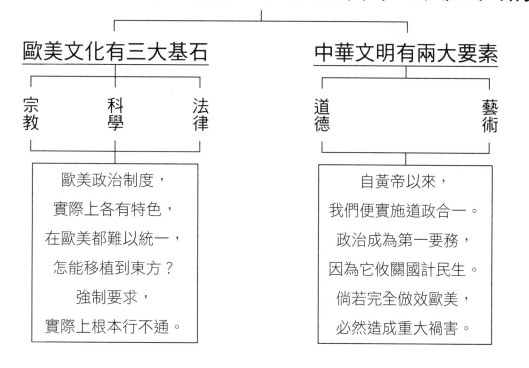

六、應該堅持利不百不變法

傢具用舊了，換一套新的，這種思路十分普遍。因為大多數人，根本用不起名貴的傢具。那些容易陳舊、毀壞、腐蝕的傢具，棄舊換新，再方便也不過。然而，若是材質珍貴、形式高雅，又是名家製作，值得長期保存成為名貴古董的，試問：又有誰願意隨便丟棄？萬一真的不識貨，把好傢具給丟了，損失的只是金錢與物質，了不起嘆息一番，也算不了什麼！衣服不合身，可以請人改一改，或者轉賣出去，稱為二手貨。諸如此類的小事，根本就不值得掛在心上。

然而，政治卻是攸關大眾的事務，牽涉到不同層面的利害與觀感。孔子一直被視為保皇黨，不主張輕易做出重大改變，便是有鑒於古訓有云：「利不百不變法」。春秋時代孔子極力尊王，主要目的在維持大一統的局面。中國之所以不會像歐洲那樣，分裂成很多小國，孔子的貢獻非常大。到了戰國時代，諸侯各自稱王，孟子同樣為了大一統的需要，一再鼓勵齊宣王以齊為出發地來一統天下，以取代周朝。雖然沒有成功，卻也奠定後來秦始皇滅六國、完成統一大業的基礎。政治的革故鼎新，事關千秋萬世，必須順乎天而應乎人。萬萬不能由於少數人的短視與野心，破壞了中華大一統的祖制。

政治當然需要改革，但是必須特別慎重。倘若改革之後，不能收到革卦（䷰）卦辭所說「元亨利貞」的功效，反而讓百姓的怨恨加深，執政當局就會更加難為了。事前詳加思慮，多方沙盤推演，以「悔亡」為目標，千萬不要輕易嘗試。當然，其它的創新，事態並不像政治這樣嚴重，但為了安全起見，也應該思慮得更長遠、深入，使後患的發生率減到最低。

利不百不變法

雖然這是一句老話，卻不可因為時代不同而改變

孔子當年極力尊王，主要目的在維持大一統的局面，
先求穩住大局，再進行內部改革，是上上策。

政治當然需要改革，
但是必須特別慎重。

必須順乎天而應乎人，萬萬不可由於私利與野心，
破壞了中華大一統的祖制，否則便是數典忘祖。

徒然成為現代人，卻做不了中國人。

1 政治並不是空談理想就能做好的，必須與人民的性情習俗相洽相宜，才得以施行無礙。移植西方制度非但無效，而且往往造成難以修復的巨大傷害。

2 天下並沒有萬能的藥方，也沒有萬全的良法。舉凡立憲、共和、專制、民權、國會等等構想，只要能夠救國救民，都可以採用。然而，倘若不合國情，勢必未得其利，反受其害。

3 自有歷史以來，我們就是大國眾民，不像歐洲城市國家，可以經由「多數決」來處理政務。何況「陰卦多陽、陽卦多陰」，更啟示我們「少數賢能，比多數更加高明」。我們重視賢能，遠比重視多數意見為甚，也就是「從賢勝於從眾」。

4 「從眾」實際上是一種無奈。大凡民智未開，大眾的智力彼此相差不多，於是誰也不肯服從別人的意見，這時候只好採「多數決」。除此之外，並無其他辦法，可見當然不是最好的方式。

5 民主是可行的，但先決條件，是必須有少數大家都信得過的賢明人士，引導眾人走出正確的方向。然而，賢明人士並非代代皆有，所以有盛有衰，關鍵繫於「少數賢明」。

6 革故鼎新，實在是門大學問。我們最好先把革卦（䷰）和鼎卦（䷱）這兩個相綜的卦，分別加以探討。然後再把這兩卦的相關卦象，一併加以討論，尋找出其中的奧祕，以免由於一時的熱情，掩沒了理智，反而造成嚴重的後遺症。

《第六章》

革卦六爻
說了些什麼？

革卦（䷰）下火上澤，象徵水火不容，
必須齊心協力，改革意志夠堅強，才有成功的可能。

變革初期，不可盲動，否則必有凶險；
時機成熟，千萬不可錯過，以免造成悔憾。

倘若有勇無謀又剛愎自用，那就凶了！
惟有以誠變革，順天命而行，才能獲得吉祥。

若是變革的目的或行動，引來別人猜疑，
號召的力量就會降低，大家也會逐漸失去信心。

通常君子領導變革，目標十分明顯，
小人只有在變革完成後，才會前來追隨。

參與變革的人士，必須要有心理上的準備，
不可能沒有阻礙，必然會有艱難與失敗的風險。

一．時機未熟不宜輕舉妄動

革卦（䷰）卦辭說：「革，巳日乃孚，元、亨、利、貞，悔亡。」「巳日」居十二地支（子丑寅卯辰巳午未申酉戌亥）的第六位，象徵變革必須把握時機。「巳日」處於離火的位置，即將由下離進入上兌。時機成熟，選擇「巳日」此一最佳時機進行變革，必須取信於人，所以說「巳日乃孚」。然而，變革有如水火，新舊往往不能相容，互相對立，以致造成劇烈抗爭，留下很多後遺症，常常令人後悔不已！必須秉持「元、亨、利、貞」的精神，動機純正、方法有效、方式合宜，以誠正的心來取信於人，才能夠預先防患，使悔恨消失。

初九爻辭：「鞏用黃牛之革。」小象說：「鞏用黃牛，不可以有為也。」六二陰爻屬坤，〈說卦傳〉指出「坤為牛」。「坤」為地為土，大多呈黃色。這裡的「黃牛」即為六二。二在初的外層，象徵初九雖然以剛健居陽位，又是革卦的始爻，相當於革命的先驅者，卻由於六二以陰乘陽，初九與九四又不相應，好比堅厚的黃牛皮，將初九牢牢包裹住。「鞏」是鞏固的意思，在這裡形容反對革命的舊勢力，也就是「保守派鞏固得像黃牛皮那樣，使革命的力量難以伸張」。在這種情況下，又得不到九四的響應，表示時機尚未成熟，最好記取「潛龍勿用」的教訓，不能夠輕舉妄動，所以說「不可以有為也」。初九爻變為咸卦（䷞），表示革命之初，必須提出正當的理由，告訴大眾並非單為革除故舊，而是具有推陳出新、改變得更好的功效，使大眾為之感動，成為順天應人、適合大眾需要的行動。換句話說，宣傳工作要先做好，以團結人心，創造出良好的時機。

革

49

初九，鞏ㄍㄨㄥˇ用黃牛之革。

六二陰爻屬坤為牛，這裡所說的「黃牛」，即指六二。二在初的外層，象徵初九雖然以剛健居陽位，又是革的始爻，相當於革命的先驅者，卻由於六二以陰乘陽，初九與九四又不相應，有如堅厚的黃牛皮，將初九牢牢包裹住，表示反革命的舊勢力很大，時機尚未成熟，不可輕舉妄動。初九爻變為咸卦，表示革命之初，必須提出正當理由，使大眾為之感動。也就是宣傳工作要先做好，以團結人心。

時機尚未成熟，應多宣傳，不可妄動。

二。不到非革不可之日不革

革卦（䷰）彖辭指出：「革，水火相息，二女同居，其志不相得，曰革。巳日乃孚，革而信之；文明以說，大亨以正；革而當，其悔乃亡。天地革而四時成，湯武革命，順乎天而應乎人。革之時大矣哉！」革卦（䷰）下離為火、上兌為澤，澤中有水，所以水火相聚。由於火燃則水乾，澤水決堤則火滅，因此有互相毀滅的危機。好比「二女同居」，下離為中女，上兌即少女，志向並不相合。既然不能同居，遲早有所變革。等待合適時機，可使大家信從，對變革有信心。下離為文明，上兌為喜悅——具有文明美德，又能使大家喜悅，自然大為亨通而走上正道。只要變革得正當，悔恨必將消亡。天地因為陰陽變化而成春夏秋冬四時，商湯放逐桀於南巢、武王征伐紂於牧野，都是上順天意、下合民心的革命。由此看來，凡是變革都應該合乎時機，所以說「革之時大矣哉！」惟有等待時機成熟、堅持公正誠信，才能獲得成功而不後悔。

六二爻辭：「巳日乃革之，征吉，无咎。」小象說：「巳日革之，行有嘉也。」六二當位又與九五相應，二、五均為中位，象徵君臣有志一同，大有可為。「乃」的意思，是不立即行動。因為六二陰柔，只能待九五明君號召，才能響應。倘若六二採取主動，可能有咎。六二爻變為夬卦（䷪），表示以下伐上，必須順天應人，非為叛逆，才能无咎。一般而言，上討下為「征」，六二居下而應九五，合乎中道，也可稱為「征」。由於行為值得嘉慶，所以吉祥。初九發難於前，六二正當可為之時，惟恐坐失良機，因此特別以「征吉」一語加以勉勵。

革 ䷰
49

六二，巳ㄙˋ日乃革之，征吉，无咎。

「巳ㄙˋ日」意指最佳時機。六二既當位，又與九五相應。二為臣，五為君。君有變革之意，臣前往響應，君臣合志，往必見納，大有可為，所向皆吉。六二柔弱，缺乏自革勇氣，所以時機成熟，才能无咎。六二爻變為夬ㄍㄨㄞˋ卦，表示以下伐上，必須順天應人，非為叛逆，方可无咎。初九發難於前，六二正當有為之時，惟恐坐失良機，因為特別以「征吉」一語加以勉勵。

時機成熟，必須果敢前往，吉而无咎。

三、變革不宜過剛應多溝通

革卦（䷰）大象說：「澤中有火，革；君子以治曆明時。」下離為火、為日；上兌為水、為澤。澤中有火，象徵水旺則滅火，火旺則使水蒸發。兩性相違，水火不相容；兩情互消，水火不並存。這種變革的現象，使君子覺察天地陰陽的變化、氣候寒暑的推移，於是修治曆法，制定出一年四季、二十四節氣、七十二候，以及每月三十日、閏年等周期。使天下百姓，能夠遵循改變的秩序，明白交互變化的生生不息，免於窮滅，因而推演出合理的變革之道。

九三爻辭：「征凶，貞厲，革言三就，有孚。」小象說：「革言三就，又何之矣！」九三當位，象徵剛健果決，處於上兌和下離的交界，表示變革正在進行中。革卦（䷰）離火在下而兌悅在上，兌悅成為了離火變革的對象。「兌」為順，上兌三爻都抱持悅順的態度迎接九三。倘若九三再以敵對的心態對待上兌，當然「征凶」。「征」指以下伐上，「凶」即行而有所凶險。九三必須朝乾夕惕，保持乾卦九三的精神，才能免於凶危。但是變革之際，倘若怕生波折、墨守成規，必然積弊難除，也十分危厲。最好能夠再三溝通，聽取各方意見。「革言」便是有關變革的言論。「三」即九三、九四、九五三個陽爻，和上六合在一起看，仍然是一個兌卦（䷹）。「兌」為口舌，上六為兌口的兩唇，九三與上六相應。九三、九四、九五經過多次討論，產生共識，必能獲得大眾的信任，所以說「革言三就，有孚」。九三爻變為隨卦（䷐），象徵再三溝通、博採眾議，當能獲得大眾的樂於追隨，不必再往別處想了。

革 ䷰ 49

九三，征凶，貞厲，革言三就，有孚。

九三陽居陽位，處下離的極端，象徵過於剛強。倘若以敵對的心態對待上兌ㄉㄨㄟˋ，當然「征凶」。最好能夠守持貞正，以防危厲。「三」指九三、九四、九三這三爻，和上六合起來看，仍然是兌ㄉㄨㄟˋ卦，象徵經過多次討論，已經產生共識，必能獲得大眾的信任，所以說「革言三就，有孚」。九三爻變為隨卦，象徵再三溝通、博採眾議，才能獲得大眾的樂於追隨。

多溝通以建立共識，更能獲得大眾信任。

四、目標正確才能順利成功

〈序卦傳〉說：「井道不可不革，故受之以革。」井道的要旨在革舊換新，也就是新陳代謝。「革」字的上部，看起來像「井」的樣子；中間為「中」字，下部則是「十」字——象徵革由井變來，但變革必須堅持中道，結果才能四通八達，廣受各方人士的支持。水井養人，需要有純淨的水，然而時間一久，難免污濁，應該適時加以清理變革，以期保持養人的功能。所以井卦之後，接下來便是革卦。澤中有火，並不為水所滅，是一種反常的現象。倘若火不能勝水，那就不足以變革了。革卦（䷰）離火居下在於變，兌悅在上成於用。我們看完下離三爻，應該可以進入上兌三爻的階段，才能完成革的大用。

九四爻辭：「悔亡，有孚改命，吉。」小象說：「改命之吉，信志也。」九四不當位，與初九也不相應，但因為靠近九五，能上承君意，並且居於陰位，無逼主之嫌，可以得到九五的信任。居於離上兌下，是一種水火更替、不變也不行的情境。由於下無應援，通常有悔。然而變革是冒險的行為，若是順天應人，即使有可悔的事，只要採取適當方式，又是出於至誠，就算用來改變命運，也能獲得吉祥，所以「悔亡」，悔憾得以消亡。九四爻變為既濟卦（䷾），正當水火相消、天人都思變的時候，只要意志堅強、百折不撓，當然可以完成「改命之吉」。九四和初九同樣位於卦下，卻因初九以剛居剛，不能剛柔並用；而九四以剛居柔，「知其雄而守其雌」，能夠剛柔並用，所以「悔亡」。可見目標正大光明、時機良好，也應講求有效的方法和合理的方式，才能順利完成革道。

革 49 ䷰ 九四，悔亡，有孚改命，吉。

九四以剛居柔位，象徵剛柔並濟。即使與初九不相應，但由於時機成熟，便毅然從事變革，表示有志之士，但問「應當不應當」，並不顧慮外界「應」或「不應」。九四處離上兌ㄉㄨㄟˋ下，應時而革弊興利，所革妥當，所以「悔亡」。順天應人，足以信孚於天，改變命運也能順利吉祥。九四爻變為既濟，象徵條件良好、時機成熟，能夠順利獲吉。

目標正大光明，必然「悔亡」而吉。

五．領導革命需要偉大人物

一個人若是「生無益於當時，死無聞於後世」，都是自暴自棄，枉來人世間走一遭。〈雜卦傳〉說：「革，去故也」，如果和下一句：「鼎，取新也」連在一起，便成為我們常說的「革故鼎新」。現代人熱衷於求新求變，目的都是希望能留下一些痕跡。實際上「功沒、過存」，成功的求新求變，未必能夠留下好名聲；有害無益的事物，往往流傳得既廣且久，這才值得大家警惕！必須「元亨利貞」才能「悔亡」。而要「元亨利貞」，最主要的關鍵則在於「巳日乃孚」。首先要孚於天下、孚於後世，天下、後世皆利，還要等待合適的時機。

九五爻辭：「大人虎變，未占有孚。」小象說：「大人虎變，其文炳也。」九五君位，在乾卦用「龍飛」，象徵創業的天子。革卦是公卿變為侯王，或者侯王變成天子。同樣是大人，卻是由虎變成龍，所以稱為「大人虎變」。九五當位，居上兌中爻，又是革卦卦主，當然有大人的形象。中華民族信奉天人合一，革命必須順天應人。我們相信「大位天定，非由智取」，領導革命非大人不足以成事。原本如虎那般威嚴，一旦革命成功，登上龍座，虎紋也變得彪炳耀目、燦爛輝煌，令人心生喜悅。「文」即紋理，指虎皮的斑紋。「炳」為光亮顯明，象徵功業彪炳。龍虎都具有大人形象，令人感受到誠信。九五爻變為豐卦（䷶），表示大人發揮了大人的功能，不但革命成功，而且還知人善任。結果如何，當然用不著占卜，所以說「未占有孚」。有「虎」有「文」，象徵武功文治兼顧並重，使人不見其凶殘，而悅其文德，果然是大人得天位。

革
49

䷰

九五，大人虎變，未占有孚。

九五剛直中正，具有猛虎般的尊嚴威勢。變革的方向和目的，有如虎身的斑紋，使大家既看得明白，也喜悅在心裡。不必占問，便知道能夠取信於民。與六二相應，更顯大人魅力，予人良好的形象。九五爻變成豐卦，象徵九五發揮大人的功能，收穫自然豐盛。有「虎」有「文」，表示文治武功並重，使人不見其凶殘，而悅其文德。

變革的方向與目的顯明，使大眾樂於響應追隨。

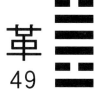

六。破壞之後必須積極建設

「革」有改變、革新、改正、改造、洗心革面等意思，但是光有「變」不足以言「革」。「孚」為誠信，是一種實際的表現，不能空口說白話，用以欺騙大眾。我們說「求新求變」，不如說「求新求實」，也就是改變得有實利，使大家都能獲得實益。革之前，大多是先破壞，這是大家所厭惡的；革之後，務必要建設，倘若得不到大眾的支持，那就不孚了！多數人都是短視的，只看到眼前的破壞，對日後的建設大多缺乏信心。孔子說：「民可使由之，不可使知之。」便是看到大多數人不明白「先破壞、後建設」的道理。必須由負責任的政府、明智的領導人，做出某些強制性的措施。但是最後的結果，必須大正、大通、大利，才能「元亨利貞」而「悔亡」。

上六爻辭：「君子豹變，小人革面，征凶，居貞吉。」小象說：「君子豹變，其文蔚也；小人革面，順以從君也。」上六當位，居革卦的終爻，象徵革命大功告成，九五大人已經「虎變」。於是各方人士紛紛熱心表示歡迎。「龍虎」是神物，用以譬喻大人；「豹」並非神物，只能用來譬喻君子。至於一般民眾，革除舊習迎接新制，那是「小人革面」。君子協助變革，有如豹從猛虎；小人迎合變革，未必表裏一致。在這種情況下，情勢雖然大好，仍然潛藏著無比的危機，稍有不慎，舊勢力便會捲土重來。「征凶」的警示，即在偃武修文，與民休息，不要再征伐了！大人居中守正，才能確保吉祥，所以說「居貞吉」。上六爻變為同人（䷌），象徵對君子的協助給予感謝；對小人的迎合使其順勢，一視同仁就好。

革 49 ䷰

上六，君子豹變，小人革面，征凶，居貞吉。

九五如虎，象徵大人；上六似豹，仍有文采賢德，能守君子之道。至於一般小人，通常是在變革完成後，才會改變態度。大人是革命領袖，君子協助變革，有如豹從猛虎。其中滲雜著小人，很會見風轉舵，此時若是過於急進，必有風險。上六爻變為同人，表示對君子的協助給予感謝，對小人的迎合使其順勢。靜處守正，才能吉祥。

變革之後，接著就要休養生息。

我們的建議

1 革（䷰）的要旨，在變不善為善、變不良為良。現代人盲目求新求變，並不可取。革的行動，從「不可以有為也」著手，因為它是非常的舉措，不適宜時常為之。

2 「革」不僅僅是變，如果只是變，並沒有變得更好，充其量只是一種「求新求變」的舉動，不夠資格稱為「變革」。必須能夠順天應人，改變得更為美好，對大眾有益，才叫做「革」。

3 最大的「革」，即為「革命」。一方面改變現有領導人的命，一方面也改變從事革命人士的命。固然是「成者為王，敗者為寇」，但是革命的過程中，務須「不以成敗論英雄」，堅持光明正大的目標，等待時機成熟合適，而且方法還要有效可行，凡事皆以福國利民為重。

4 最好的變革應該是變法，不求改朝換代，但求變法維新。然而茲事體大，利害所及，牽動國脈民命，必須十分慎重，非有絕對把握，不應輕忽嘗試。所以自古便有「利不百不變法」的警訓，務必「元亨利貞」才能「悔亡」。

5 革卦（䷰）離火在下、兌（ㄉㄨㄟˋ）澤居上。由於水火本不相容，若非火燒乾水，即為水熄滅火。成敗互見，必須革命者以文明自律，被革命者能心悅接受，才是「順天應人」。然而衡量實際情況，通常各有盤算，因此非常艱難。

6 最佳情況，莫過於賢明九五自己領導變法，又有貼近民意的六二全力配合。透過溝通，促使初九、九三、九四同心協力，然後上六「豹變」、「革面」，必能順利完成改革。

《第七章》

鼎卦六爻
有哪些啟示？

革故鼎新，並不是求新求變，
必須溫故知新、繼舊開新，才是合理。

一定要有道德高尚的人士來領導，
並且具備果斷的決心，才能慎始又善終。

初六由革卦來，在大破壞之後先求穩定；
九二美德充實，守舊派雖有仇恨，終能吉祥。

九三指出革新內部有矛盾，必須加以調和；
九四象徵革新分量過重，將受挫而致凶。

六五持中守正，是除舊佈新最佳方針；
上九為除舊佈新將成之時，必須溫和施治。

下風上火，全卦有風助火勢的氣象，
千萬不要抱薪救火，以免木愈多火勢愈猛烈。

一、除舊佈新才能去妄存真

鼎卦（䷱）的卦名為鼎，是一種使用於日常生活的器具，通常具有三足兩耳，大小不一。由於三足鼎立最為穩定，所以鼎卦用來說明烹飪之道，告訴我們端正穩重必須發自內心，真實地呈現在自然的言行舉止，才能獲得他人信任。

鼎卦卦辭說：「鼎，元吉，亨。」「鼎」為卦名，含有「烹飪器具」以及「革故鼎新」的雙重意義。依全卦卦象來看：初六一陰有如鼎的三足；九二、九三、九四互卦為乾，象徵鼎的腹部，是烹飪食物的容器；六五一陰為鼎的兩耳；上九即為鼎蓋。古人製鼎，並非專為君王所用。不是君王一人的吉利，而是全民都可以使用的吉物，所以說「元吉」。因為合乎天人之道，當然亨通。後來用做重要器具，仍有大通的效用。

初六爻辭：「鼎顛趾，利出否，得妾以其子，无咎。」小象說：「鼎顛趾，未悖也；利出否，以從貴也。」「顛趾」指顛倒腳趾，表示鼎被顛倒過來。「否」為不善，「出否」便是倒出廢舊的東西。初六以陰居陽，不堪承載重鼎，有顛覆之象，卻有利於倒出不善的廢舊物。這種歪打正著的現象，倘若用婚配來譬喻，有如娶得的並非正妻，而是小妾，但也一樣會生孩子，所以說「得妾以其子」。妾的身分地位不如妻，如果所生的孩子賢能，也可能因子而貴，因此得以无咎。初六爻變為大有卦（䷍），表示這種「鼎顛趾」的現象，看似不好，卻是為了整體大眾著想，並非悖離正道。「利出否」相當於除舊佈新，只利於除掉舊有的廢物，可以用的，仍然要保留下來。以鮮易腐、捨賤從貴，所以依然合理而无咎。

鼎 50

初六，鼎顛趾，利出否ㄆㄧˇ，得妾以其子，无咎。

初六陰爻為鼎足，以陰爻居陽位，象徵位置顛倒，形成我們常說的「覆鼎」，有利於傾倒出鼎中的積穢。若以婚配為喻，有如娶得的並非正妻而是小妾，但也一樣會生孩子。雖然妾的身分地位不如妻，倘若所生的孩子賢能，也可能因子而貴。初六爻變為大有，表示變革後的維新政治，首先要處置亡國舊臣，有賢能者仍須重用，不可猜忌其出身不正。「妾」比喻舊臣，「子」比喻賢能，因賤而致貴，所以无咎。

陰陽轉化合宜，才能去妄存真。

二。鼎中食物充實不致有害

鼎卦（䷱）彖傳說：「鼎，象也，以木巽火，亨飪也。聖人亨以享上帝，而大亨以養聖賢。巽而耳目聰明。柔進而上行，得中而應乎剛，是以元亨。」鼎卦的卦名，是取象而來。由於卦象像鼎，因而取名為鼎卦。下巽為木，上離為火，表示利用木能順從火燃的性，象徵烹飪的實際狀態。「聖人」在這裡指的是有道的明君，只有像這樣的明君，祭天才會有功效，否則不過徒具形式，上天並不會有所回應。真正的「大亨」，是「養聖賢」。天子養聖賢，聖賢便順心地為天子觀察、聆聽，使天子能知天下事。「柔」即六五，向上與上九相比，所以說「柔進而上行」。六五居上離中位，因而「得中」。與上九相比，九為剛爻，所以說「應乎剛」。不依慣例向下應九二，是大公無私。上行與上九相比，是以賢為尊，所以「元亨」。

九二爻辭：「鼎有實，我仇有疾，不我能即，吉。」小象說：「鼎有實，慎所之也；我仇有疾，終无尤也。」九二居內巽中位，由於以陽居陰，反而剛柔兼備，實而不虛，所以說「鼎有實」。九二雖與六五相應，卻因為六五柔弱無力，兩者剛柔互失其位，有如怨偶與我為仇。外柔（六五）內剛（九二），好像體弱有疾病。「不我能即」便是不能即我，「即」指加害。九二陽剛充實，不致受到傷害，所以吉祥。「鼎有實」，必須謹慎自己的行為。「所之」即所行，不遷就初六，仍與六五交往，才叫「有實」。只要不與六五過多接觸，即使「我仇有疾」，也不致受害，所以「終无尤」也。九二爻變為旅卦（䷷），象徵九二把自己當作旅客，剛實守中，自然終能无尤。

鼎 ䷱ 50

九二，鼎有實，我仇有疾，不我能即，吉。

九二為鼎腹，以陽剛之爻居陰柔之位，象徵其空虛。由於九二剛位居下巽(ㄒㄩㄣˋ)之中，表示空虛的鼎腹為陽實的九二所填滿而不虛，所以說「鼎有實」。「仇」即怨偶。六五與九二陰陽相應，六五可以充實九二。現在鼎已實，不宜再實。如六五來實九二之虛，非溢即傾。幸好六五乘九四，乘剛有病。當九二無法容納時，六五恰巧不能來，可以確保九二的吉祥。九二爻變為旅卦，象徵九二把自己當做旅客，剛實守中，自然終能无尤。

自守以正，慎防被他人牽引而陷於非義。

三、食物不能供用失去意義

鼎卦（䷱）大象說：「木上有火，鼎；君子以正位凝命。」鼎卦巽木在下、離火在上，象徵木上燃燒著火，所以說「木上有火」。〈說卦傳〉指出：「巽為木，為風」，木是生火的材料，風可以幫助木的燃燒。古代燧人氏「鑽木取火」，應該是鼎卦的原意。後來有了烹調的鼎，才稱為「火風鼎」。因為木和火都容易看到，而風的變化比較難知，所以不稱「木火」而明指「火風」，用意在提醒大家：飲食會影響風氣。君子因此悟出「正位凝命」的道理，模擬鼎的莊嚴端重形狀，各自正守本位，並且凝固使命，盡心盡力地完成任務。

九三爻辭：「鼎耳革，其行塞，雉膏不食。方雨虧悔，終吉。」小象說：「鼎耳革，失其義也。」鼎足能夠支持鼎身，但不能行動。鼎的行動，還需要用槓來扛。這時候，把槓穿進鼎耳，等待烹飪完畢，再把鼎扛到桌上食用。就全卦來看，六五才是鼎耳，但依下巽而論，初六在下為鼎足，九二在中為鼎腹，九三即是鼎耳。九三陽居陽位，陽為實，也就是不空，無法把槓穿進去，相當於革除了鼎耳，行動受到阻礙。「雉膏」指美味的食物，由於不能搬出來供食，鼎中的美味食物也無法享用，不免感到悔恨。九三爻變為未濟卦（䷿），象徵供食的效果難以發揮。爻變下卦為坎，有「方雨」之象。「虧」為不足。九三陽實，居鼎卦之中，原本有美好食物，但因居下巽木究位，火熱食物也熱，不能食用。由於不斷加水，終可食用，所以悔恨減少，終獲吉順。革除鼎耳，就失去鼎的意義。九三自滿，認為不必有鼎耳，使鼎失去功效。

鼎 50 ䷱

九三，鼎耳革，其行塞，雉膏不食。方雨虧悔，終吉。

就全卦來看，九三也是鼎腹；但依下巽ㄒㄩㄣˋ而言，則九三已經算是鼎耳。陽居陽位，又處下卦究位，象徵過剛失中。性格偏激的人，在變革之後，不能與民休息，反而繼續採取武力行動，必然有悔。因為九三鼎耳太實，根本塞不進鼎鉉ㄒㄩㄢˋ，相當於革除了鼎耳，使移鼎工作難以順利進行，鼎中的食物也無法被人們享用。幸好九三具有才幹，只是尚未獲得領導者六五的賞識，所以不能發揮才華。不過九三仍然堅忍不拔，有如前進時遇到雨水的滋潤，最後終能減少悔恨而獲得吉順。九三爻變為未濟，象徵供食的效果不彰，有待持續加水，才能食用。

堅忍不拔，等待良機，千萬不可自暴自棄。

四、民生失其所養必有凶險

〈序卦傳〉說：「革物者莫若鼎，故受之以鼎。」革卦（䷰）的主旨在革舊佈新。變革事物，沒有比鼎器更具有代表性的，因此革卦之後，緊接著便是鼎卦（䷱）。兩者互為綜卦，表示「革故」和「鼎新」，原本就是一體兩面，密不可分。

鼎卦（䷱）六爻，各取鼎器的某一部位或配件為喻，爻辭以吉美居多。初六陰柔在下，顛倒鼎足，便於清除廢棄物，因而无咎。九二鼎中有實，謹慎處理，不使充溢，可獲吉祥。九三鼎耳變異，以致有食物卻難以供用，倘若調和陰陽，也能終獲吉順。全卦只有九四這一爻，似乎不能稱職，值得我們特別警惕。因為爻變即成蠱卦（䷑），易於產生負面的思想行為，造成蠱那樣的病因，必須嚴於防患。

九四爻辭：「鼎折足，覆公餗，其形渥，凶。」小象說：「覆公餗，信如何也！」九四與初六相應，初有「顛趾」，以致四有「折足」。陽爻為實，九四居九二、九三、九四鼎腹的最高位，象徵鼎器中盛滿了食物，鼎足一折，勢必傾覆。不但把「公餗」，也就是提供王公食用的美膳，傾覆在地，並使得鼎身也受到沾濡，所以說「其形渥」。「形」指鼎的外部，即為鼎身。「渥」為沾濡的狀態，象徵貪多反受其累，以致折斷了鼎足，當然凶險。鼎卦（䷱）緊接在革卦（䷰）之後，九四爻上承六五、下應初六，表示革新之後的工作份量過重，以致不堪負荷而折足。民生失其所養，就算革命成功，也無法獲得百姓擁護，怎麼能夠產生信任感呢？所以在革命之後，必定要以安民為首要任務，歷代皆然。

鼎 50 ䷱

九四，鼎折足，覆公餗ㄙㄨˋ，其形渥，凶。

九四為鼎腹上部，陽居陰位，象徵鼎中已盛滿食物，使鼎不勝負荷。若是折斷鼎足，鼎中的食物勢必傾覆，沾滿鼎身，顯得骯髒不堪，又有凶險。九四不當位，表示力不勝任，卻要承擔重責，當然是咎由自取。初六為趾，九四為足。九三至六五互兌ㄉㄨㄟˋ，象徵毀折，也就是「折足」，使鼎傾覆。九四下應初六，中間為九二與九三所阻，因而有凶禍。九四爻變為蠱ㄍㄨˇ，象徵革新之後的工作過重，民生失其所養，難於產生信任感。

必須預防負面思想的產生，以免造成腐敗。

五、中以為實才能正位凝命

鼎器，原先做為烹飪的器具，有養人的功用。後來發展為權力的象徵，從夏朝經商朝到周朝，都以鼎來傳承帝位。鼎卦（䷱）的要旨，在於新而且能獲得大眾的信任，也就是「鼎新」的效果良好，普遍有利於大眾。卦象如鼎，實際上和人體的外形也十分相似。初六有如兩腿，九二、九三、九四三陽爻好比身軀，六五如左、右兩肩，而上九恰好是大腦。怎樣配合「黃帝內經」來探究養生保健的規律，以達成「正位凝命」的義理，實在是非常重要的課題，值得我們重視。

六五是鼎卦的卦主，有如鼎的雙耳，方便手提或是用槓扛起。九三「鼎耳革」，原因在以剛而阻塞；而六五以柔，為什麼會變成黃金之鉉呢？我們且看六五爻辭：「鼎黃耳金鉉，利貞。」小象說：「鼎黃耳，中以為實也。」「黃」為中間顏色，譬喻六五柔中。「金」為剛堅之物，譬喻六五居陽位又與九二剛爻相應。「鉉」是舉鼎的器具，也就是鼎扛。鼎屬金，其用則由於水、火與木，而且鼎足必須穩置於地面之上。鼎具有金、木、水、火、土五行之德。由鼎烹熟的食物，能充六腑而養五臟。金、木、水、火、土五行，無不附托於土，而土壤以黃色最為普遍。六五虛爻中位，象徵虛心受益，能以和平、合理的方式，來提供實際效用。有如鼎的黃耳，接受上九金鉉那樣，得其實用。六五爻變即成姤卦（䷫），象徵剛居中得正，天下大行，所以「利貞」。六五為君位，是「大亨以養聖賢」的卦主，其象利於貞固。養賢之道，千萬不能先恭後慢，有始無終。鼎之道，即在中以為實，必須堅持。

鼎 50 ䷱

六五，鼎黃耳金鉉ㄒㄩㄢˋ，利貞。

六五虛爻處九二、九三、九四鼎腹之上，象徵鼎耳。鼎能夠有所作用，鼎耳可說是居於關鍵地位。「耳」為鼎主，所以六五為本卦卦主。「黃」為土色，具有中德，稱為「黃耳」。「金」堅而剛，「鉉ㄒㄩㄢˋ」是串在鼎耳上的器材。「金鉉ㄒㄩㄢˋ」加在鼎耳上，目的是方便舉起鼎搬運食物。「金鉉ㄒㄩㄢˋ」指上九，六五親比上九，有如「黃耳」比「金鉉ㄒㄩㄢˋ」。「五」為君位，虛懷執中、大公無私。由於六五陰居陽位，恐其中德不夠貞固，所以提示「利貞」。六五爻變為姤ㄍㄡˋ卦，象徵剛居中得正。天下大正，也就是「利貞」。

陰陽合德，剛柔相濟，發揮柔中的特質。

六、賢能的輔助對明君有利

鼎卦（䷱）與需卦（䷄），同樣是飲食之道，然而需卦象徵雲在天上而未下雨，表示時機尚未成熟，只能安於飲食宴樂的日常生活，養志蓄力，以待變化。鼎卦則重在養士尊賢，使人盡其才，為社會人群做出貢獻。鼎卦（䷱）的錯卦為水雷屯（䷂），象徵「鼎新」不一定出於人為，但是「革故鼎新」，不能不藉重人力來完成。「鼎新」不難，卻難在「得人」。

〈雜卦傳〉說：「革，去故也；鼎，取新也。」這兩個相綜的卦，「革」為革除舊物，「鼎」即創立新制。新的並不一定好，舊的也未必全壞。時間與形式的新舊，實際上不如性質的改善與品質的提升來得重要。革除不良的，創立更好的，才是「革故鼎新」。我們可以從日常生活中做起，若是言行稍有過失，便要立即加以改進。上九爻辭：「鼎玉鉉，大吉，无不利。」小象說：「玉鉉在上，剛柔節也。」上九居鼎卦終位，象徵革故鼎新的艱鉅事業已大致完成。陽居陰位，表示以溫潤的性質來調和陽剛的鼎扛。從卦形來看，六五是鼎的兩耳，站在六五的立場，把上九鼎蓋視同「金鉉」那樣陽剛，而上九卻能夠以「玉鉉」自居，當然大為吉順而无不利。上九和六五剛柔互相調節，象徵鼎蓋和鼎耳密切配合，對於烹飪食物而言，必然是无所不利。

一般卦象，上九大多位終而反變，鼎卦卻是終而不窮，正好是推陳出新的鼎道。玉鉉在上，並不是上九之上還有玉鉉，而是上九自身即為玉鉉。以剛乘柔，更顯出六五的利貞。上九可以看成六五的延伸，金玉剛柔調和，所以爻變為恆卦（䷟），象徵具有可長可久的耐力，而无不利。

鼎 ䷱ 50

上九，鼎玉鉉，大吉，无不利。

上九居鼎卦之上，為鼎鉉。有了鼎鉉，才能將鼎中煮好的食物舉移到案前，提供享養食用。所以鼎的作用，全繫之於鉉。「金鉉」、「玉鉉」並非兩個不同的鉉，而是同一個鉉。金屬質硬，可以舉起重物；玉質脆，卻不能舉重；金鉉燒熱時會燙手，玉鉉溫潤不燙手。因此鉉的中央部分，以玉為把手，取出食物時會較為安全。上九不當位，但以「玉鉉」自居，所以大吉，對烹飪食物而言，自然无不利。上九爻變為恆卦，象徵具有可長可久的耐力，以剛居柔，也能无不利。

剛柔並濟，用得其宜，自然无不利。

我們的建議

1 鼎的本義，是「三足兩耳，和五味」的寶器，能熟物養人，以水火烹調五味。鼎道貴在中和，六五虛爻中位，上九以剛為勝，彼此剛柔調節，在其他卦象中殊為少見。

2 古代把鼎當做傳國之寶，用意在人存政舉，國運昌隆。鼎為烹調供食的器具，象徵國家領導人的神聖責任即在養民、安民。使民生財用，得以均衡發展。

3 我們常說「鼎足而居」，譬喻鼎的三足各據一方以自持，顯得穩固而踏實。鼎卦六爻的爻辭，只有九四「鼎折足」為凶，其餘五爻：初六无咎，九二吉，九三終吉，六五利貞，上九大吉。可見鼎足穩固才能實用，不致造成傷害。

4 四爻為大臣位，不中不正。所用的人，又是初六陰爻，象徵鼎一折足，滿鼎美味佳膳全都傾覆，提醒我們：用人至關緊要！倘若用人不當，遲早必招凶禍。

5 大禹鑄九鼎，象徵中華大一統已具雛型。天下九州，各有其鼎，鏤列各州的山川、物產、戶口、貢賦於其上，大小不一。政治體制，亦以左右丞相象兩耳，三公象三足。治國之道，有如熟物以養民，率民以正道。

6 「一言九鼎」，譬喻一句話的分量和九鼎一樣重。凡事談妥之後，能否「一言九鼎」，全看發言的人是不是夠格？一言可以興邦，一言也可以喪邦。有權有勢的人士，務必要更加謹言慎行。

《第八章》

革卦
有哪些相關的卦？

革卦的錯卦為蒙，相距四十五個卦，
其綜卦為鼎卦，卻只有前後的差距。

革卦依階升法，可變成六個卦，
分別為咸、夬ㄍㄨㄞˋ、隨、既濟、豐、同人。

革卦中含有五個卦中卦，
那就是姤ㄍㄡˋ、家人、大過、同人、夬ㄍㄨㄞˋ。

革卦的第四爻倘若由陽變陰，
立即變成既濟卦，意義十分重大。

革卦的交卦，呈現睽ㄎㄨㄟˊ卦，
一家人的精誠團結，變成了睽違離散。

革卦的下一卦，便是相綜的鼎卦，
表示革故必須收到鼎新的效果，才有價值。

一、首先看革卦的錯綜兩卦

革卦（䷰）的錯卦為蒙（䷃），而綜卦為鼎（䷱）。

革、蒙兩卦，上下六爻完全相反，象徵完完全全的改革，必須由啟蒙著手，然後循著需、訟、師、比、小畜、履……的途徑，走完二十七個卦，才顯現重見光明的離卦。於是由天道轉入人道，經咸、恆、遯、大壯……走了十九個卦，才能看到革的效果。這樣算起來，由蒙到革，中間歷經上經二十七個卦、下經十八個卦，總共四十五個卦，實在太漫長了！因此藉著「錯卦」的形象，啟示我們：設法突破這些重要關卡，縮短蒙卦（䷃）與革卦（䷰）之間的距離。

古代變革緩慢，現代則是快速變革。能夠如此，便是我們吸取了先人的經驗，避免一再重複的錯誤，這才摸索出愈來愈便捷、安全的變革方式，說起來，應該算是良性的改進。

革、鼎兩卦，上下六爻完全顛倒，象徵「革故鼎新」原本是一體兩面。為了革故，必須鼎新。居於改善現況，就不能不有所破壞。然而，在革的時候，免不了會受到現有既得利益者的全力阻撓。鼎的時候，同樣會遭受被改朝換代者必然的抗拒。兩者的對象雖然不同，所遭遇到的阻力卻是一樣的。

安排在革、鼎兩卦的前面，和革故鼎新具有密切關係的，有夬（䷪）、姤（䷫）、萃（䷬）、升（䷭）、困（䷮）、井（䷯），倘若加上革（䷰）、鼎（䷱），一共有八個。其中四個卦（夬、萃、困、革），上卦都是澤（☱）；另外四個卦（姤、升、井、鼎），下卦都是巽（☴）。把上卦澤和下卦巽合起來看即是大過（䷛），可見整個過程，都寓有大徹大悟的機會。

「革故」、「鼎新」原是一體兩面

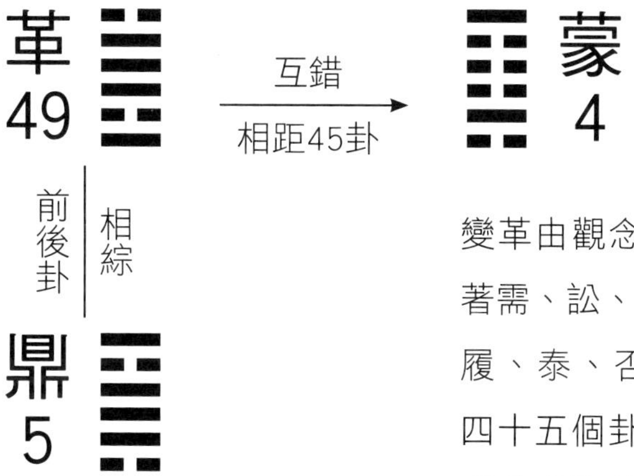

變革由觀念的啟蒙著手，循著需、訟、師、比、小畜、履、泰、否的路徑，走了四十五個卦，才得以完成。現代吸取前人的豐富經驗，逐漸有效地縮短過程，可說是一種良性的改善。

二．依據階升法變出六個卦

革卦（䷰）共有初九、六二、九三、九四、九五、上六這六個爻，每一個爻由陰變陽，或由陽變陰，都會變成另外一個卦。由下而上，依階而升，形成：咸（䷞）、夬ㄍㄨㄞˋ（䷪）、隨（䷐）、既濟（䷾）、豐（䷶）、同人（䷌）這六個卦。

由初爻到上爻，一爻、一爻個別改變，稱為「單爻變」。依照由初而上的順序進行單爻變，就叫做「階升法」。階升法所變成的六個單爻變卦，可以由上而下，獲得整體的啟示；也可以由下而上，來加以結構性的解說。

革卦由階升法所得到的六個卦，我們先由下而上，來探索它的演化過程：任何改革，即使目的真正在於除惡向善，也必須先提出正當的理由，以爭取大多數人的支持，認為確有改革的必要。所有作為，都是為公，而不是為了謀取私利。如此一來，群眾才會下定決心，做出果敢響應的決定，並且立即採取行動，追隨前人所訂立的規律與原則。彼此分工合作，務求完成既定的任務。打造豐富生活的社會，同時要避免多故亂變的紛爭與不安。大家一視同仁，對自我、家人及社會，做出正面積極的改造，這才是真正發揚革道的做法。

由上而下，也可以這樣解說：變革的時候，必須一視同仁，才能公而忘我。於是建立共識，預先做好心理建設，面對多故情況，務求盡力完成。追隨賢明人士的指導，決定行事方向，堅定意志，才能產生果敢的決定。有了這樣的心態和行動，齊心協力，把握契機，迅速而協調，自然可以順利地完成變革的使命，使大家深受感動。

革

49

首先建立共識	同人$_{13}$	上六	大家一視同仁，積極改善
預期有多故情況	豐$_{55}$	九五	避免多故，分享豐富生活
盡心盡力求完成	既濟$_{63}$	九四	分工合作，務求完成任務
追隨賢明人士	隨$_{17}$	九三	追隨前人的規律與原則
決定行事方向與意志	夬ㄍㄨㄞˋ$_{43}$	六二	必須能夠做出果敢決定
把握契機迅速而行	咸$_{31}$	初九	彼此感應確有改革必要

三、革卦中含有五個卦中卦

革卦（䷰）由初九、六二、九三、九四、九五、上六這六個爻構成。其中含有姤（䷫）、家人（䷤）、大過（䷛）、同人（䷌）、夬（䷪）五個卦中卦，分述如下：

卦中四爻，也就是六二、九三、九四、九五，構成姤卦（䷫），表示變革過程，充滿了很多奇遇。倘若不是這些難得的人、事、時、空、物，任何變革，都是很難獲得成果的。

初九、六二、九三、九四，構成家人卦（䷤），象徵變革時，需要有親如家人般的團隊，大家齊心協力、精誠團結，有事好商量。同時又告訴我們：變革最好從自家人著手。「家齊而后國治」，自己家庭先變革，再向外擴展到人群社會，應該是循序漸進的良好途徑。

六二、九三、九四、九五、上六構成大過卦（䷛）。任何變革，都有兩種可能的結果：一是錯得太離譜，一是變得很可愛。偏偏這兩種感覺，很可能同時存在，以致褒貶不一。因為有陰即有陽，有利便有弊，所以革卦和大過卦，可以說是形影不離，必須特別提高警惕。

初九、六二、九三、九四、九五構成同人卦（䷌）。由家人著手，擴展到同人，是一項艱鉅的工程。公正無私，心胸恢宏，眼光遠大，還要意志堅定，否則很難在革道當中貫徹到底。多少人中途變卦，便是經不起考驗所致。

九三、九四、九五、上六構成夬卦（䷪）。家人心不齊，同人夢破滅。這時最需要的是當機立斷、堅決不移，不受名利情的誘惑，以免革道遭受破壞。

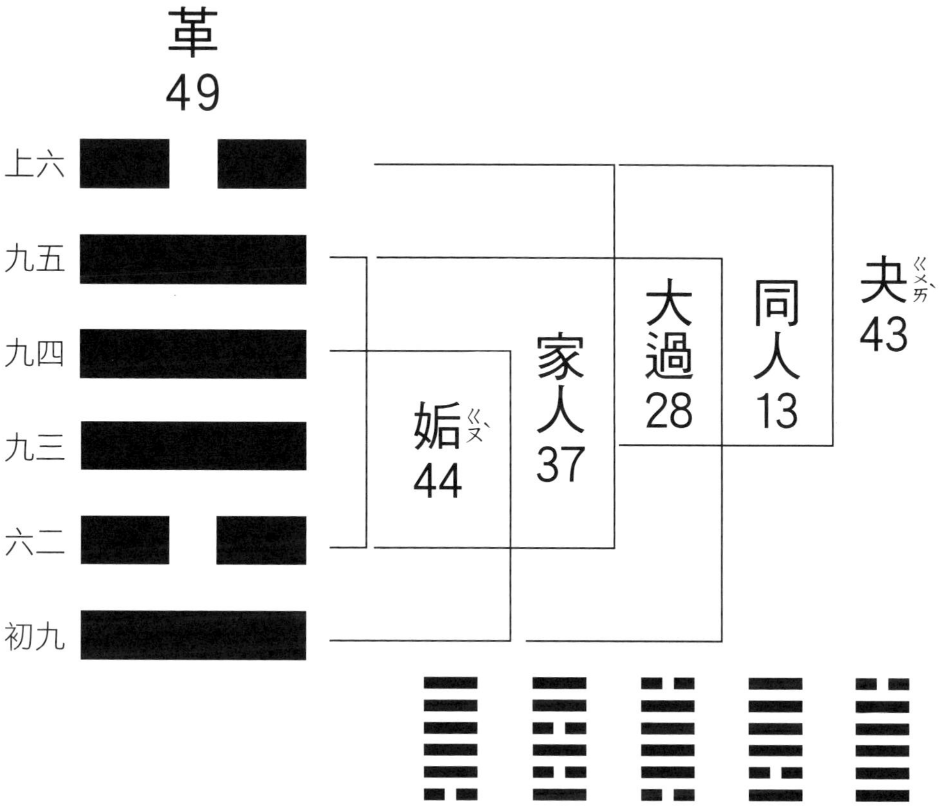
革
49
上六
九五
九四
九三
六二
初九
姤 ㄍㄡˋ
44
家人
37
大過
28
同人
13
夬 ㄍㄨㄞˋ
43

四．革卦第四爻變即為既濟

我們在階升法，也就是單爻變那一節中，已經說過革卦（䷰）的第四爻，倘若由九四變成六四，於是革卦就會成為既濟卦（䷾），那麼為什麼這一節，又再特別提出來加以解說呢？

首先，我們檢視革卦（䷰）的六爻，發現初九、六二、九三、九五、上六這五爻都當位，只有九四這一爻並不當位。九四爻辭所說的「悔亡」，意思是陽居陰位，原本應該「有悔」，現在由於九四位居上卦兌（☱）的始位，而兌為悅，象徵變革如果確實是眾人所歡迎、所樂於接受的，便可以「悔亡」。

革卦（䷰）下離上兌，九四處於上下兩卦交界，對於水火的變動，感受最深。當水火互消的時刻，正是天人都思變的際遇。九四爻辭所說的「有孚」，表示應時而革，所革又正當，顯然是「順乎天而應乎人」的變革。不但誠意對人，而且誠心對天。既悔亡，又得天人共信。革便能改命，並且獲得吉祥。從事變革人士，由初九的空有心願、無所成就，歷經六二的可為之時、積極響應，到九三的不宜操之過急，好不容易挨到九四，有機會獲致「改命之吉」，當然要意志堅強。但是歷史上多少英雄豪傑，在艱難險阻的折磨下，不是受不了誘惑，便是稍有所獲，就不再繼續奮鬥。往往離既濟只有一步一遙，可惜卻中途而廢了！

九三、九四、九五是一個乾卦（☰），乾為天。六二、九三、九四呈現巽卦（☴），巽為命。九四、九五、上六為兌卦（☱），兌為口。綜合看起來，九四有宣告天命的象，所以爻辭說：「有孚改命，吉。」變革能否成事？九四無疑是關鍵所在。

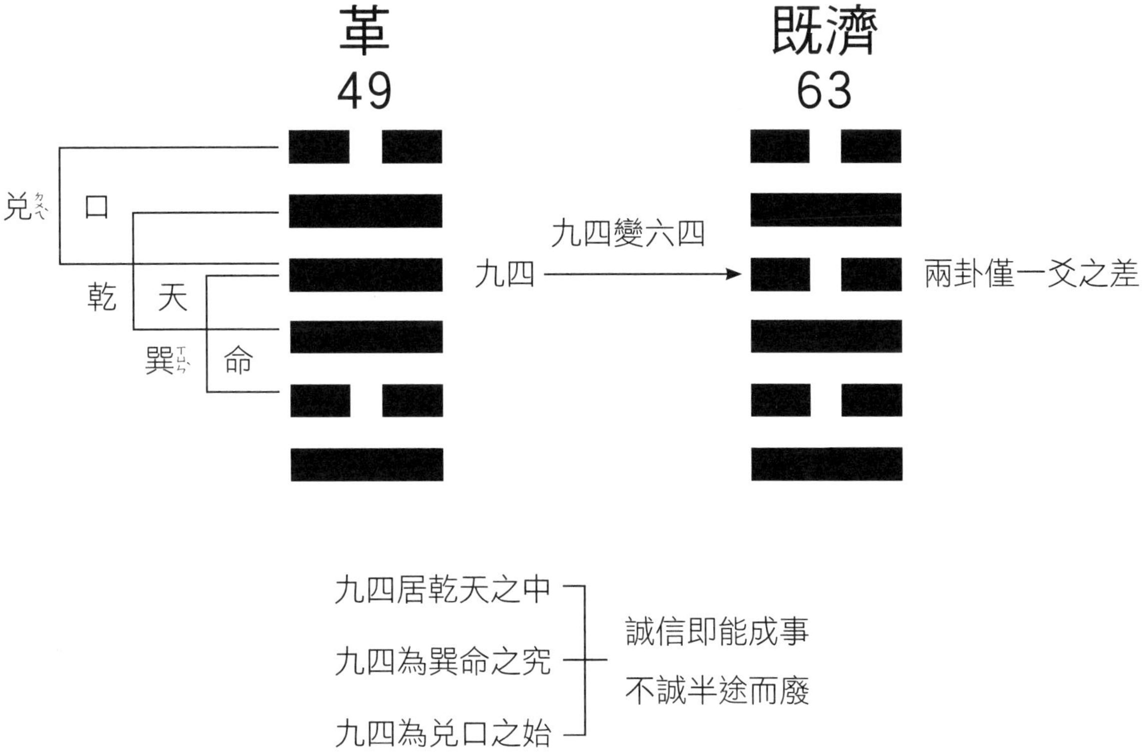
革
49
既濟
63
兌
口
乾
天
巽
命
九四
九四變六四
兩卦僅一爻之差
九四居乾天之中
九四為巽命之究
九四為兌口之始
誠信即能成事
不誠半途而廢

五。革卦的交卦就成為睽卦

革卦（䷰）下離上兌，倘若上下互換，成為下兌上離，那就是睽卦（䷥）。象徵變革的團隊，只要上下不和，步調不一致，遲早要內亂。睽是第三十八卦，前面一卦叫做家人（䷤）。由家人而同人（䷌），原本是革道的必經途徑。家人卦下離上巽，外風內火，象徵火自內生，而風從外來助燃。九五和六二相應，又各居上下兩卦的中位，都是居中得正。具有男性（九五）剛強特質適於主外，代表女性（六二）柔順特質宜於主內，各得其所，密切配合。若是有人不遵守家規，致使家道不振，一家人勢必貌合神離，各懷鬼胎，甚至弄得睽違離散，走上了睽道。

任何組織，成員之間的意見，不可能長久一致。領導者不應該全力求其一致，而是要秉持一家人的胸懷，從減少分歧著手，務求異中求同，同中存異，將睽道的傷害降到最低，更加有利於整體的發展。睽卦（䷥）卦辭說：「小事吉。」意思是在分岐點當中，尋找大家都能接受的共同點（小事），做為同中存異的基礎。因為睽卦四陽二陰，六三和六五兩陰，被初九、九二、九四、上九這四陽，分隔在上下兩卦，顯示陽仍然能夠控制陰，也就是善用「求同存異」的法則，使二陰的分離不致造成傷害。何況睽卦（䷥）只要初九變初六，然後全卦六爻向下翻轉一個爻位，就變成水火既濟（䷾），警示我們在睽違離散之時，只要不走極端，能夠採取柔和的態度求同存異，盡量減少分歧，必然會有重返和合的既濟。革而睽，對大家的傷害很大，應該極力防患。

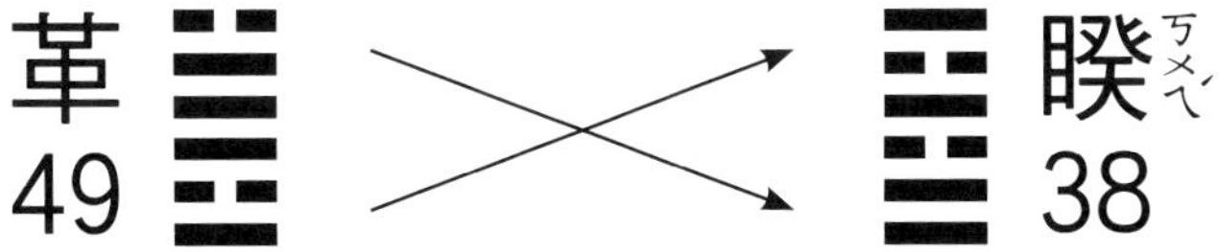

澤火革。

由六二到上六，

呈現大坎的象。

必須具有堅強意志，

有克服萬難決心，

堅持到底，

才有成功的希望。

火澤睽ㄎㄨㄟˊ。

最好異中求同，

同中存異。

正方的力量，

仍然大於反方，

整體和合尚未破壞，

不可輕易放棄。

六、革卦最重要伙伴是鼎卦

綜上所述，與革卦（䷰）相關的卦，已經出現了蒙（䷃）、鼎（䷱）、咸（䷞）、夬（䷪）、隨（䷐）、既濟（䷾）、豐（䷶）、同人（䷌）、姤（䷫）、家人（䷤）、大過（䷛）、睽（䷥）等十個以上。解說革卦時，最好能將這些相關的部分一併加以思慮，才能更為廣泛而深入，獲得更加周全的瞭解。

然而，〈序卦傳〉指出：「革物者莫若鼎」，變革事物最具有代表性的器具，便是自古以來常用的鼎器。《易經》將革卦和鼎性連接在一起，實在是用心良苦。惟恐大家只革不鼎，一味破壞卻難以建設，那就真的水火相息，不可能「元、亨、利、貞」了。原本有悔，卻不能亡，實在是革而未當啊！

變革之道，有四大要件：時機正確、意志堅強、威德俱備，還要技巧有效。革卦（䷰）水火相消，象徵天人思變，時機成熟。這時候有志之士起而變革，但問正當與否，暫時不必顧慮響應者多寡。

只要威望和德行高尚，加上靈活有效的方式，自然響應者會日愈增多，一旦市場反應熱烈，鼎新的期望也就大吉而亨通了！水和火具有相生相剋的關係，我們運用時勢的變化，使弱者轉強，而強者轉弱。掌握有利的契機來制衡其事，便可以順利地革故鼎新。好比製作皮革的過程中，藉助適當的鼎器，將獸皮置入鼎中，注入所需的水，然後以火將其煮熟。一方面去除皮的腥味和皮上面的毛，一方面使原本堅硬的皮，變成柔軟可供製作的革。有了合適鼎器，就可以安全、方便、有效地完成鼎新的效果，可見革卦最重要的合作伙伴即為鼎卦。

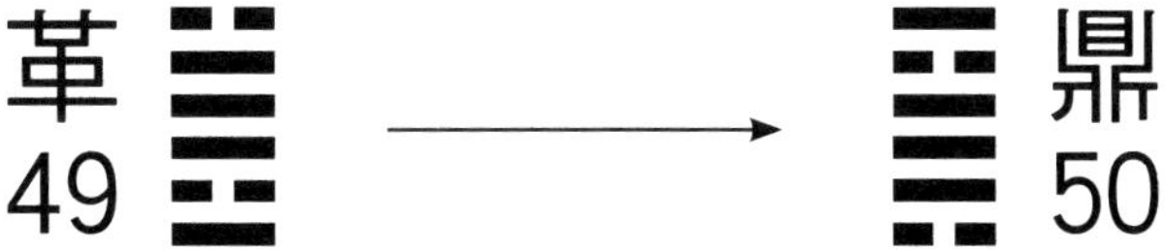

變革有四項必備要件：

1. 適合的時機
2. 堅強的意志
3. 威望和德行
4. 靈活的手腕

有如將合適的獸皮置入鼎中，
注入所需的水份，
以火將獸皮煮熟。
一方面去除腥味和皮上的毛，
一方面使堅硬的皮變為柔軟，
以利後續製作，
完成有價值的成品。

我們的建議

1 每一個卦，都有若干相同的卦。綜卦、錯卦、交卦之外，還有單爻變所形成的卦，以及卦中卦。我們每看一個卦，都可以將這些相關的卦，一併納入思慮。

2 當然，我們在單爻變之外，也可以加入二爻變、三爻變、四爻變、五爻變，甚至於六爻齊變。這樣一來，每一個卦，都和其餘六十三個卦密切相關。換句話說，任何一個卦，都可以變成我們所想要的那一個卦。

3 《易經》告訴我們：簡單的要加以複雜化，而複雜的卻應該設法簡單化。所以我們並不需要把一個卦變到六十四卦。我們只要適可而止，把一個卦的相關各卦找出來，適當地加以思慮，也就好了。止於所當止，才叫做「適可而止」。

4 在這些相關的卦當中，有出現多次的，也有特別重要的，可以列為重點。比較其它各卦，做出更為深入的分析，務求對本卦的掌握能夠更廣泛、深入且周到。

5 革卦（䷰）的前一卦為井卦（䷯）。坐井觀天的人，常常不知道自己的見聞侷限於一隅，都喜歡自以為是。久而久之，不免成為井底之蛙，最需要加以變革。

6 革卦（䷰）的後一卦為鼎卦（䷱）。變革免不了破壞，緊接著便需要合理的建設。這種理想，最好在變革之前就充分加以思慮，才能避免做出盲目的破壞行動。

《第九章》

鼎卦
相關的卦有哪些？

鼎卦的上一卦為革，彼此相綜，互為一體兩面；
其錯卦為屯(ㄓㄨㄣ)卦，兩者相距四十七個卦，相當遙遠。

鼎卦依階升法，單爻變，出現六個卦，
由下而上，依序為大有、旅、未濟、蠱(ㄍㄨˇ)、姤(ㄍㄡˋ)、恆。

鼎卦六爻，可以組成五個卦中卦，
那就是夬(ㄍㄨㄞˋ)、姤(ㄍㄡˋ)、大有、大過，加上一個睽(ㄎㄨㄟˊ)卦。

鼎卦的第三爻若是由陽變陰，
立即變成未濟，值得我們特別警惕！

鼎卦的上下卦互相交換，成為家人卦，
象徵鼎的功能，有如家人般的照顧與安慰。

鼎的下一卦，便是震下震上的震卦，
表示鼎革的功效，最好能永久保有，便於傳承。

一．先來看鼎卦的錯綜兩卦

鼎卦（䷱）的錯卦是屯卦（䷂），兩者在卦序的距離，比革卦和蒙卦還要遠。屯表示初生，鼎可以說是新生。初生處於草創，反而比較沒有主見，順乎自然而行。新生大多有理想、有主見，當然比初生更為複雜。屯卦元、亨、利、貞四德俱備。鼎卦卻只有元亨，未必利貞。屯卦二陽四陰，主導的人少，配合的人多，比較不容易輕舉妄動。鼎卦則相反，二陰四陽，出主意的人多，配合的人少。人多嘴雜，所以鼎新的時候，最好正位凝命。大家效法鼎象而端正守分，各自完成應負的責任。屯卦下震上坎，象徵雲雷，人力難以控制。鼎卦下巽上離，木上有火，人力比較容易掌握。人心難測，從這裡應該可以獲得充分體會。

鼎卦（䷱）的綜卦為革卦（䷰），兩者原本是一體兩面。革故的目的在鼎新，要鼎新就免不了革故。這兩卦前後相連，實在是難分難解。改變不了現狀，根本談不上創新；但求創新，卻忽視現有的情況，那就是唱高調，不切實際。革免不了破壞，所以火水相息；鼎必須把水火調和合宜，使新生得以成功。倘若革而不能鼎，與寇盜、恐怖分子有什麼兩樣？從夏禹開始，鼎便成為天子的寶器。列鼎於庭，表示天子受命於天。到了戰國後期，周朝有四十多年沒有天子，鼎也因而不知下落。秦始皇統一天下，得不到九鼎，世人認為他不是真命天子，所以只傳二世，十三年而亡。現代帝制已廢，大家仍然以「一言九鼎」為重，可見鼎在大家的心目當中，真的非常重要，可以鞏固革的成果。

「鼎新」必先「革故」，兩者密不可分

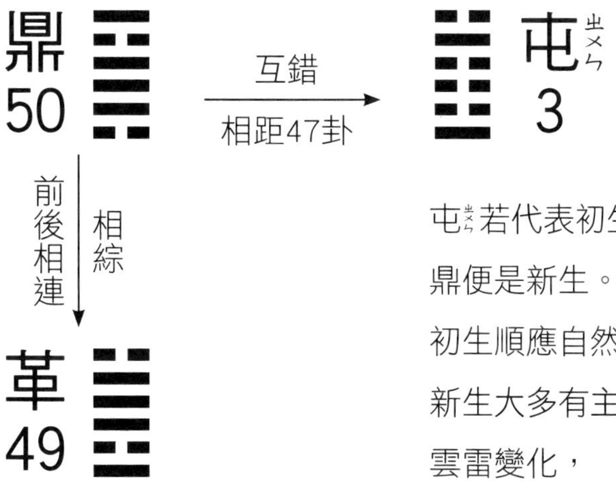

屯ㄓㄨㄣ若代表初生，
鼎便是新生。
初生順應自然，
新生大多有主見。
雲雷變化，
人力難以控制。
木上有火，
人力比較容易掌握。

二、按照階升法變出六個卦

鼎卦（䷱）由初六、九二、九三、九四、六五、上九構成。倘若由下而上，每一個單爻由陰變陽，或由陽變陰，就會變出大有（䷍）、旅（䷷）、未濟（䷿）、蠱(ㄍㄨˇ)（䷑）、姤(ㄍㄡˋ)（䷫）、恆（䷟）這六個卦。可以由下而上，或者由上而下，分別貫串起來，看出鼎卦的整體演化過程，茲分述如下：

先由下而上：鼎道的要旨，是遵循大自然的法則，累積長久以來革故鼎新的寶貴經驗，尋求更合適的生活方式。因此鼎新的始點，應該是為大眾著想的理念，希望大家都樂於享有，而且有益於改善生活。這時候多旅行、增廣見聞，有利於產生靈感。但是鼎新的嘗試，往往難於一次便能成功。這時候最好反求諸己，整飭自己內心的不正當思緒。若有不期而遇的難處，必須以可長可久的耐力來面對，堅持鼎新的決心，持續不斷地努力克服難題。

再由上而下：鼎新是長期奮鬥的目標，必須有恆地持續進行。在我們生活當中，經常會出現不期而遇的人事地物，應該要以平常心面對，採取正面思慮，做出正當的互動。時刻提高警覺，嚴肅地要求自己，整飭內心的負面思想，端正自己的行為，以免產生蠱(ㄍㄨˇ)患。在既濟之前，往往要經過許多次未濟的考驗，這時候暫時放下工作，四處旅行，可能會萌發一些靈感，可供參考。無論如何，不要忘記鼎新的目的，是為了整體大眾的安寧。千萬不能為了謀求私利，或者妄想出名，而離經叛道、胡作非為。現代人盲目求新求變，一味為創新而創新，實在有違「大有」的鼎新目標。

鼎

50

鼎新是長期努力的目標	恆32	上九	長期堅持鼎新的理念
經常有不期而遇的情況	姤44	六五	小心處理不期而遇的情況
不要受到蠱惑迷失自己	蠱18	九四	不要受到外界的蠱惑
失敗才是成功之母	未濟64	九三	屢經失敗也不能放棄
四處旅行以獲取靈感	旅56	九二	多方吸取經驗以為借鏡
務必堅持大有的理想	大有14	初六	鼎新是為了改善大眾生活

三◦鼎卦中含有五個卦中卦

鼎卦（䷱）下巽上離，由下而上，分別為初六、九二、九三、九四、六五、上九。其中含有夬（䷪）、姤（䷫）、大有（䷍）、大過（䷛）、睽（䷥）五個卦中卦，分述如下：

卦中四爻，也就是九二、九三、九四、六五，構成夬卦（䷪）。象徵鼎新旨在除去社會進步的障礙，必須五陽並進，以剛決柔，既堅持又堅決，才能得以完成。

初六、九二、九三、九四，形成姤卦（䷫）。表示五陽協力將一陰決除，在下的一陰又起來了。不要看它勢力孤單、地位卑微，因為一個不小心，惡勢力又將逐漸茁壯。鼎卦隨時可能變成未濟（䷿），便是最嚴厲的警示！

初六、九二、九三、九四、六五，構成大過卦（䷛），提醒我們鼎新是好的，然而做得太過分，反而就不好了。一味求新求變，以致喜新厭舊，盲目追求新奇，就會造成社會不安。大家缺乏長遠的計劃，只追前眼前的小利，當然不好。太平盛世，凡事循規蹈矩、守經防亂，才是合宜的表現。

九二、九三、九四、六五、上九，造成大有卦（䷍），象徵鼎新的果實，必須歸大眾共有。五陽應一陰，這五陽都為一陰所有，便是分享所產生的效果。我們不應該以得大有為目的，卻必須堅持長久大有，才能確保鼎新的成果。

九三、九四、六五、上九，構成睽卦（䷥），表示鼎新的過程中，難免出現背道而馳的亂象。此時最好「勸合不勸離」，先曉以大義、防止乖離，同時用心檢討導致背道而馳的原因，設法加以排解，防睽而不鼓勵彼此分離。

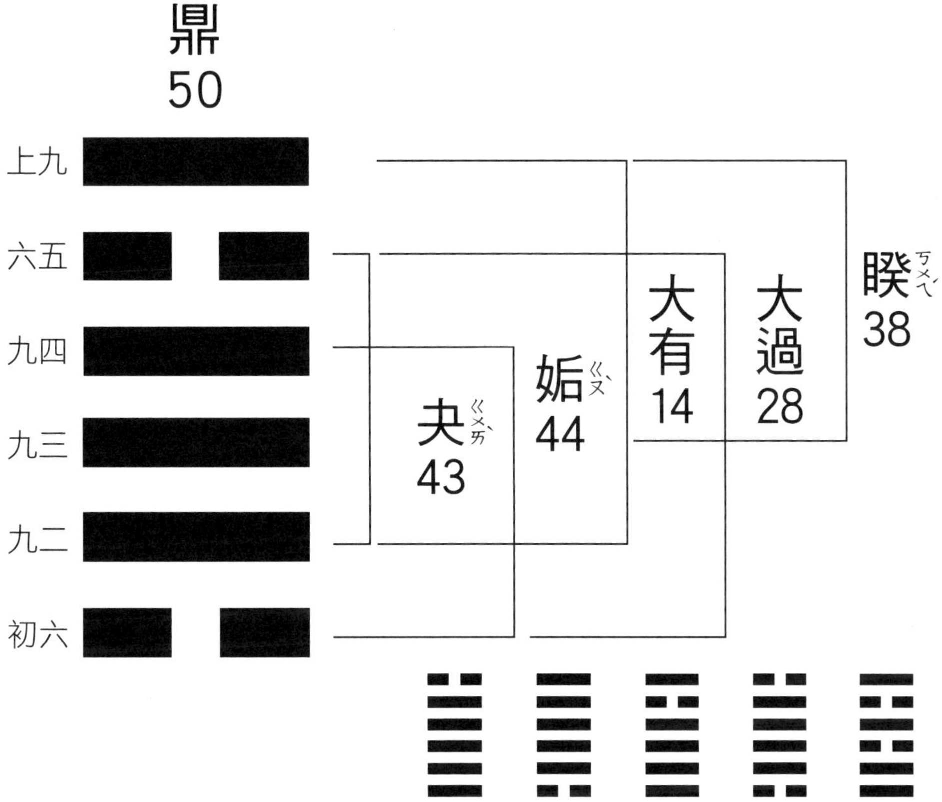
鼎
50
上九
六五
九四
九三
九二
初六
夬ㄍㄨㄞˋ
43
姤ㄍㄡˋ
44
大有
14
大過
28
睽ㄎㄨㄟˊ
38

四、鼎卦第三爻變即成未濟

鼎卦（䷱）的第三爻，也就是九三爻，倘若變成六三，全卦即成未濟（䷿）。這和革卦（䷰）第四爻變成六四，立即成為既濟（䷾），實在有異曲同工之妙。第三爻和第四爻，都處於人位，可見革故鼎新的成敗，關鍵仍在於人。

我們檢視鼎卦（䷱）的六爻，初六、九二、九四、六五、上九這五爻都不當位，只有九三這一爻，陽居陽位，所以爻辭說：「終吉。」九三陽剛過盛，又與上九不相應，象徵同僚之間，相處並不融洽，有如鼎的耳朵被破壞了，所以這一爻的小象說：「鼎耳革，失其義也。」在鼎的時期，居然還鬧革，當然喪失了適宜的配合。失去義，結果必然未濟。必須「方雨虧悔」，及時做好自我調節，放低姿態、消消火氣。倘能陰陽調和，有如及時雨那樣，才能夠終吉。

鼎卦（䷱）下巽上離，九三居下巽之上，地位偏而不中，象徵性格剛猛偏激、能動不能靜。在鼎的時候，理應與民休息，現在九三仍然有革的姿態，當然有悔。何況上離為火，九三自身陽剛過盛，又往火堆裡奮進，並不符合「調和鼎鼐」的要求。爻辭所說的「方雨」，是將雨未雨的意思。若是九三自己調節得宜，雨自天降，便能終吉；倘若調節不過來，即使下雨，恐怕也沒有用。乾脆不下雨，那就未濟了！

巽在五行中為木，離則為火。下巽上離，便是將木放入火中，使其燃燒，以烹飪食物。九三燃燒自己，只能化成熱量，必須透過烹飪器具，以完成烹調的功能。不宜直接火攻食物，否則除了燒烤之外，其餘功能都將歸於未濟。

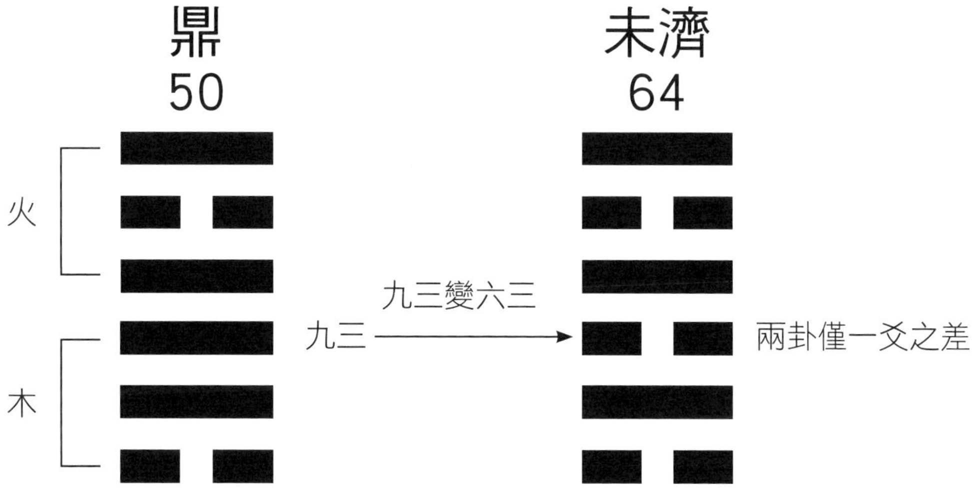

九三居下巽ㄒㄩㄣˋ之上，
地位偏而不中。
在鼎的時期，
仍然有革的姿態。
倘若不能及時調節，
勢必造成未濟。

放低姿態
放緩步調
陰陽調和

才能終吉。

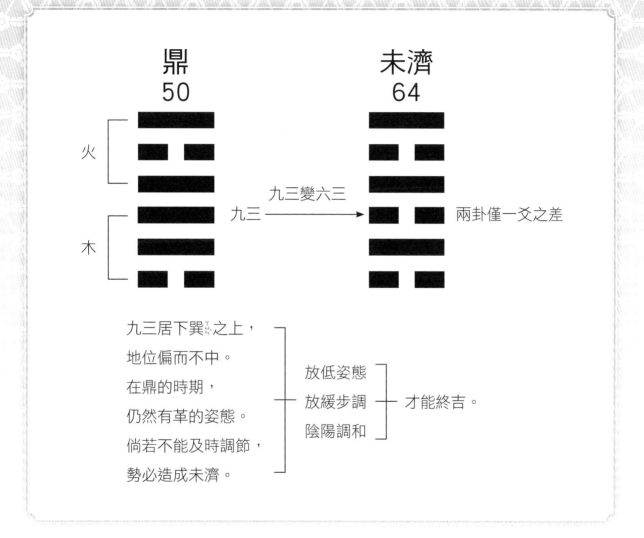

五、鼎卦的交卦即是家人卦

鼎卦（䷱）下巽上離，倘若上下卦交換，成為下離上巽，那就是家人卦（䷤）。鼎卦所象徵的是「國」，家人卦所關心的是「家」，我們以「國家」合稱，可見革鼎大至改朝換代，小到一家人，不論是小家庭、大家族，舉凡所有興革，都與其有所關聯。因為國由家組成，無家不成國。而家由國保育，否則家人缺乏保障，又怎麼保家衛國。中華民族自古便有「平天下」的觀念，很容易由家直接跳到世界，使我們對國（因為與家合在一起）的觀念淡薄，很容易受到「國家不過只是虛擬名詞」這一類說法的蠱惑。幸好我們對民族的認同感十分堅強，對中華文化的堅持也非常貫徹。日本侵華期間，我們完全沒有亡國的屈辱，卻始終保有收復失土的堅決信心，便是把國與家合在一起所產生的力量，支持著每一個炎黃子孫。

一家人必須在一起吃飯，培養親情和倫理。帝王是有天命的，自古以來，我們便深信「大位天定，不以智取」。即使現代產生領導人的方式，經過多次變革，已經大不相同，但在我們心中，仍然保有這樣的想法。而且衡諸實際情況，也大致如此。《易經》告訴我們：人群社會的單位是「家」。乾坤生六子，構成一個家庭。各種組織，不論性質為何、規模大小，其最高領導人，都被尊稱為「大家長」。要獲得大眾的擁護，必須善於居中調和、合理調度、有效調解、適當調教，化外人為家人，才能永保安寧，至少能夠維持到氣數已盡。鼎卦（䷱）大象說：「君子以正位凝命」，「凝命」便是凝民以政、凝士以禮，目的都在凝聚成為一家人，整個鼎的大道即在於此。

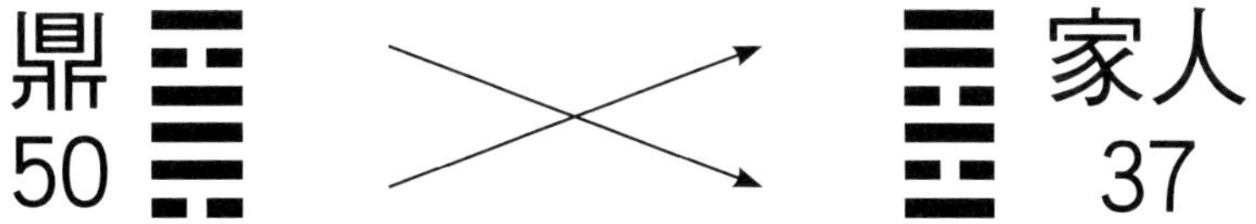

火風鼎。

鼎為大鍋，可供給眾人食物。

鐘鳴鼎食，表示團結一致。

鼎代表帝王受命於天，

必須依天理、順人情，

化外人為家人，

才能國治而天下平。

風火家人。

六二居中，初九、九三在兩邊，

象徵女主內、男主外。

六四居中，四陽分居上下，

表示家人合作，各盡其責。

九五能協調相嫉之臣，

便能家齊國治而天下平。

六、鼎卦最重要伙伴是震卦

綜上所述，與鼎卦（䷱）相關的卦，已經出現了屯（䷂）、革（䷰）、大有（䷍）、旅（䷷）、未濟（䷿）、蠱（䷑）、姤（䷫）、恆（䷟）、夬（䷪）、大過（䷛）、睽（䷥）以及家人（䷤）。其中大有卦和姤卦，還重複出現過。現在，我們又從卦的排序中，提出震卦（䷲）加以探討，因為這對鼎來說至關重要。

〈序卦傳〉說：「主器者莫若長子，故受之以震。」在八卦的三個兒子當中，震（☳）排行老大，稱為長子。古代以長子繼承王位，最適合主持鼎器，所以鼎卦接下來便是震卦。以史為鏡，我們可以發現太子的才德與繼承的順當與否，有著非常密切的關聯性。震卦（䷲）卦辭所說的：「震來虩虩，笑言啞啞」，指的是太子的品德。而「震驚百里，不喪匕鬯」，則是指太子的才能。太子才德兼備，表示繼統順利，甚至可以宏揚祖業。若是虛有其位，那就是氣數已盡，將要改朝換代了。這是上天最有效的制衡力量。

太子登基接任皇位，實際上也是一件天翻地覆的革故鼎新。天翻指先皇去世，地覆即群臣的更動，便是我們常說的「一朝天子一朝臣」。現代雖然廢除帝制，但實際情況也大致如此。不論任何組織，領導人更替時，大家總是寄以厚望，希望能有一番革故鼎新的作為，使眾人為之震動。若是熱烈響應的多，代表獲得大眾的擁戴。震卦（䷲）大象稱為「洊雷震」，便是雷聲隆隆的情狀。大家用鞭炮聲不斷來表示熱烈慶祝，這時最好提高警覺，面對這個新時代、新作風，應該如何自我調整以期適應。這樣的舉措並非投機取巧，而是隨機應變。

鼎 50 ䷱ → ䷲ 震 51

每一次的革故鼎新，
勢必帶來大震動。
有短暫的，
也有較為長久的，
這種反應，
便是對革故鼎新的重大考驗。
反應熱烈而且持久，
代表獲得大眾的擁戴，
才是良好的革故鼎新。

鼎所烹飪出來的美食，
必須入口，經由牙齒的咬動，
才能順利轉化成所需的營養。
心存善念，革故鼎新，
總會產生良善的效果，
獲得大眾熱烈的反應。
若以惡念革故鼎新，
必然自食惡果，
符合自作自受的定律。

我們的建議

1 革故鼎新的效果，有陰也有陽。效果良善的，長久受到民眾歡迎；效果惡劣的，根本經不起時間考驗。所以革故鼎新，必須謹慎小心，不能夠用「求新求變」的態度隨意為之。

2 革而不能鼎，相當於只破壞不建設，還不如不革。所以在革之先，就要有鼎的計畫。並且要多方設想，做好各種可能的沙盤推演。倘若在革時光憑滿腔熱血，在鼎時缺乏耐性與毅力，很容易受到意想不到的誘惑，產生始料不及的惡果。

3 鼎的作用，在於火之下有風在煽動，以木燃火，用以烹飪食物。鼎的用途雖然很廣，但都離不開日常生活的需求。革故鼎新，必須著眼於改善大眾的生活，不應當只是為了創新而創新、為了求新而亂變，否則便會惡念生惡果。

4 「鼎」的字形，不但端正穩重，而且依字形造鼎器，便可以拿來實際應用。我們「鼎新」的心態，也必須端正穩重；「鼎新」的步伐，必須實實在在。倘若有所偏失，便應當立即改善。

5 「鼎新」的成果，要有震撼力，而且還要具有持久性。倘若不能收到這樣的效果，那就只能稱為「調整」。我們秉持「改善」的意識，不斷做出合理的「調整」，實在比「鼎新」還要穩妥、安全、方便得多。

6 既然革、鼎不能分開，我們接著就要把這兩卦合起來看，並且進一步感悟我們這一系列的易學叢書，為什麼要把革、鼎兩卦，安排在最後這一卷？究竟有什麼重要的意義呢？

《第十章》

怎樣把
鼎革合起來看？

革卦是下經唯一「元亨利貞」四德俱備的卦；
鼎卦緊接其後，表示在破壞之後，必須真正有所改善。

「革故鼎新」原本就是一體兩面、密不可分，
從修身、齊家、治國以至於平天下，時時都如此。

把「革故」和「鼎新」合起來看，便是「善補過」，
人不可能不犯過，所以《易經》要求我們善補過。

我們一生，可以說是大過不犯、小過不斷的歷程，
時時刻刻，都有可能犯小過，所以都需要善補過。

口頭道歉只是「吝」，以實際行動補過才算「悔」，
善補過發自內心，要付諸行動，才有真實效果。

養成每天反省自己的良好習慣，
及時做出合理有效的調整，便是日新又新的表現。

一、革卦元亨利貞四德俱備

《易經》分上、下兩部分。上經三十卦，闡明天道自然的演化，其中乾（䷀）、坤（䷁）、屯（䷂）、隨（䷐）、臨（䷒）、无妄（䷘）六卦，「元亨利貞」四德俱備；下經三十四卦，由天道發揚人道，卻只有革卦（䷰）合乎「元亨利貞」的要求。可見人有身體，固然有利於行動，卻也很容易受到各種誘惑。往往在「元」、「亨」時能守正，一旦有「利」便開始走樣，利愈大而身愈不正。我們也可以這麼說：倘若沒有大利，比較容易完成「元亨利貞」的歷程。大利一來，人便不貞了！因此人的過錯，經常是一而再、再而三地重複出現。孔夫子不要求我們不犯過，只要求我們不二過，實在是深知人性的弱點，就在於知過難改。

「我知道，我知道，只是做不到」，這是我們常用的藉口，也是革卦（䷰）重視「元亨利貞」的主要原因。卦辭特別指出：「巳日乃孚」，告訴我們革新的時機固然要對，革新的成果也必須獲得大眾的歡迎。換句話說：革新之後的表現，完全符合「元亨利貞」的要求，才能大幅消亡可能衍生的悔憾。這種情況，便是彖傳所說的：「革而信之，文明以說，大亨以正，革而當，其悔乃亡。」惟有「元亨利貞」四德皆備的革新，才會是大眾所歡迎的新政，這是一種何其嚴苛的考驗！「革」原本是破壞的行為，當然有悔。惟有革後的建設，足以補償破壞的遺憾或怨恨，也才能夠消除原有的悔。所以在「革」之前，必須充分思慮「鼎」的可能和預期的成效。不能只革不鼎，那就成為現代的恐怖分子了！能不能收到「貞」的效果，是革故鼎新的重要關鍵，非有充分把握，不宜輕易為之。

革 49

元　亨　利　貞

沒有利的誘惑時，人往往充滿正義感；
一旦利字當頭，逃不掉時，人便不貞了！
一旦受到利的迷惑，一切都完了！
不但正義感消失，人也跟著改變了。
在「革」之前，先想好「利」在哪裡？
務求只為「公利」，不計「私利」。
「利」字當頭，若是因私而害公，
該怎麼辦才好？

二、鼎是革物最佳烹調器具

「舊的不去，新的不來」，這是「革故鼎新」的最佳理由，古今皆然。然而，若是舊的去了，新的來不了，甚至於根本不能來，那怎麼辦？我們看看現代暴發戶的暴起暴落，賣了田地有了錢，卻一下子就賭博輸光了，因而淪落街頭的故事，便知革不難而鼎不易，而且非鼎不可，以免隨起隨滅，不能有成。

特別是政治的革新，絕對不能出現真空時段，所以〈雜卦傳〉提示：「革去故也，鼎取新也。」革除舊物必須創立新物，因為鼎卦（䷱）卦辭：「元吉，亨。」直接了當地告訴我們：天下皆吉才能稱為大吉，也惟有如此才能亨通。

《中庸》認為人生的責任，在於成己成物。「成己」是「成物」的先決條件，而「成物」則是「成己」的具體表現。我們可以說「革」是為了「成己」，「鼎」是為了「成物」。人不革，怎麼能成己？物無鼎，又何以成物？鼎在民間，是烹調食物的器具。民以食為天，可見其重要性。鼎在皇室，更是正當性的象徵。倘若不能定鼎，必將失去民心。現代革命也是如此，以得民為昌。商場上重視的市場佔有率，實際上也是一種定鼎，稱為「市場定位」。安定與鞏（ㄍㄨㄥˇ）固改革的成果，便是鼎定之道。

真正養民，必須提高層次，到祭天、祭祖、祭聖賢。當然，對於當世健在的賢明人士，更是應該加以敬重。鼎卦（䷱）卦辭：「元吉，亨。」明白指出鼎的作用，在天地人都受到合理的照顧。所以中華文化的特質之一，即在於祭祀。並不是拜神，也不是迷信，實實在在是一種「天人合一」、「天下鼎定」、「萬民安寧」的宣示，十分神聖！

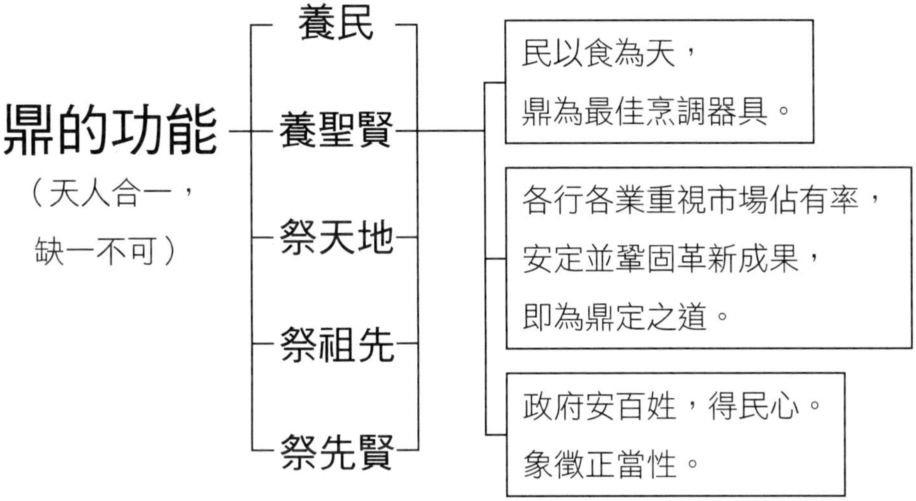
鼎的功能
（天人合一，
缺一不可）
養民
養聖賢
祭天地
祭祖先
祭先賢
民以食為天，
鼎為最佳烹調器具。
各行各業重視市場佔有率，
安定並鞏固革新成果，
即為鼎定之道。
政府安百姓，得民心。
象徵正當性。

三、革故鼎新必須合併思慮

占卜時，五十支蓍草，象徵鼎的決心，告訴自己：只有「鼎新」的成果，可以證明「革故」的必要性和合理性。這種「成者為王，敗著為寇」的衡量標準，迄今仍然深植人心。

把一支蓍草安放在桌面的左上角，可以視同向天宣誓「元亨利貞」的堅決信心。無論如何，永遠不改初衷。即使再大的利、再凶險的危難，都無法加以改變。一直到成卦，這一支蓍草始終不動，表示鼎定的決心，永遠不會忘記。

其餘四十九支蓍草，雙手緊握，象徵澤火革（䷰）已經勢在必行，只是為了慎重起見，而進行占卜。不再問「要不要革？」而是透過卦象，深入探究「如何合理變革的方式和方法」，以及「所應該採取的態度」。我們不是抱著「可行才行，不可行便止」的心態來占卜。我們是在詳加思慮之後，深覺有此必要，這才進行占卜。請問如何趨吉避凶，而不是探測可不可行。變革通常分為「大、中、小」三類型，大的叫做「革命」，是非常的舉動，非不得已不可行；中的稱為「變革」，幾乎每隔一段時間，就需要有所變革，才能合理因應此一階段所產生的種種變數；小的則是「調整」，可以說時時刻刻都在進行中。我們駕駛汽車時，雙手放在方向盤上，不停地做出微調，就是為了防止偏差太大，或是避免緊急大轉彎使自己嚇出一身冷汗。

人生是階段性的調整，表示革故鼎新持續地進行中。調整順利，叫做「運氣好」；若是不順，那就是「運氣不好」。氣是自己在運，所以我們不怨天、不尤人，要經常反求諸己才好。

革 ䷰
49

⇄

鼎 ䷱
50

革之前必須深思熟慮，
「利不百不變法」。
革之後必須鼎新，
否則只破壞不建設，
此舉形同寇盜。
大的革叫「革命」，
中的革為「變革」，
小的革是「調整」。
平日常調整，
變革將更順利而安全。

鼎是革的成果展現，
合不合理？
必須經得起考驗。
革和鼎是一體兩面，
最好同時兼顧並重。
空有鼎的理想，
缺乏革的決心，
不過是空談。
破壞容易、建設困難，
兩者都必須審慎為之。

四。研讀易經目的在善補過

「多做多錯、少做少錯、不做不錯」，原本是實際情況的描述，不料傳之既久，竟然演變成阻礙進步的荒謬託詞，用它當做藉口，來掩飾自己不想做、不敢做，或者不會做的缺失。《易經》把大過卦（䷛）安排在上經，將小過卦（䷽）放置在下經，同樣是最後第三卦的位置，表示大的革命能夠成功，決定於天；中的變革和小的調整能否有成果，決定則在人。這是「大事天定勝人，小事人定勝天」的衡量標準，果然天人合一，十分有默契。

大過的後面是坎、離兩卦，象徵非常的事功所造成的結果，可能是大眾的坎險，也可能是光明的大道；而小過的後面，緊接著便是既濟、未濟，告訴我們小過的後果，並沒有大過那麼嚴重，只不過是完成與尚未完成的差異，只要能夠善補過，其實是很容易調整的。

坎水與離火，都是人生離不開的要件。然而水火無情，經常奪人性命。完成或未完成，畢竟難分難解。因為人生的結局，都逃不開「不了了之」的命運，誰也不能例外。所以我們不要怕犯小過，卻必須善補過，養成不二過的良好習慣。

善補過並不是有禮貌地道歉，因為那只是「吝」，而未必真的「悔」。中華民族不重形式，卻十分重視實際。不管表面上是多麼誠懇地道歉，也未必能夠獲得成功。倒不如採取實質上的行動，使人能夠真正感受到誠意。我們通常不相信人家所說的話，卻十分相信自己內心的感覺。多言無益，不如「知一重非，進一重境」，充分發揮小過卦辭「亨」的精神，抱著「經一事，長一智」的心態，謹記小過的偏失，能夠及時加以調整和改正。

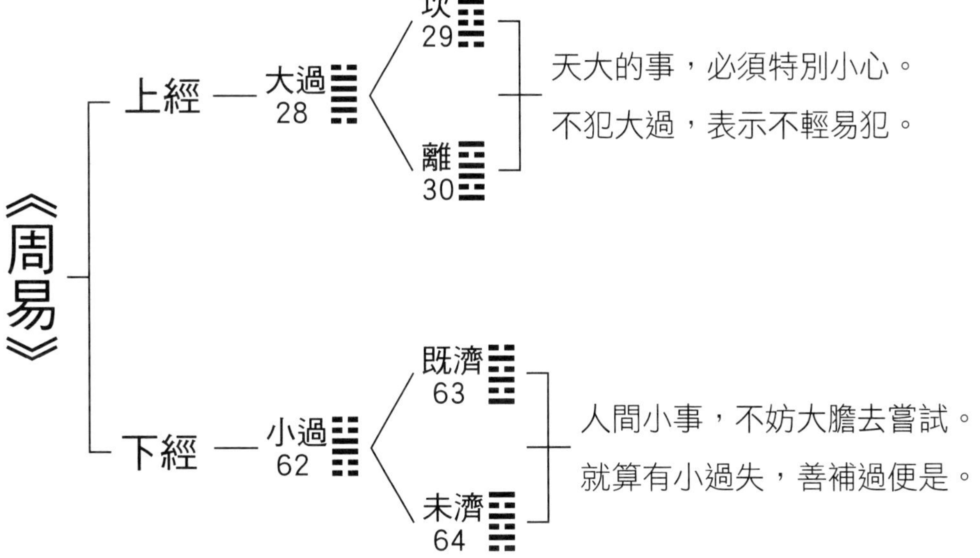
《周易》
上經
大過 28
坎 29
離 30
天大的事，必須特別小心。
不犯大過，表示不輕易犯。
下經
小過 62
既濟 63
未濟 64
人間小事，不妨大膽去嘗試。
就算有小過失，善補過便是。

大事天定勝人，小事人定勝天

↓

天人合一

五．我們時時都要革故鼎新

我們時時都需要善補過，而善補過必須革故鼎新，所以時時刻刻，我們都需要謹慎小心，隨時提醒自己做好革故鼎新的工作。

就個人來說，革故鼎新便是修身，修治自己的言語行為以及思想態度。《大學》說：「自天子以至於庶人，壹是皆以修身為本。」上自天子下至平民，每一個人，都應該以修身為根本。先把根本做好，再來齊家、治國、平天下，才是人人可行的大道。倘若連切近自己的身家都治理不好，反而高談治國、平天下，那就只是空談，不可能產生實際效果。

每一個家庭，都以家人卦（䷤）為目標，重視家庭倫理，以正道而從嚴的齊家成果，推廣到治國、平天下的相關作為。革卦（䷰）的卦中卦含有家人卦（䷤），鼎卦（䷱）的交卦即為家人卦（䷤）——現在我們終於能更深一層，明白其中的奧妙所在。男主外、女主內，不過是分工專職，雙方必須各守正道，才是家道端正的根本，整個天下也就因此而安定了。

做事的原則不可變，所採取的方式和手段，最好能因時、因地、因人、因事而制宜。每經一事，都要進行事後檢討，以期累積寶貴的經驗。務求愈來愈熟練，愈來愈改善。從事各種職業活動，都應該抱持為社會人群服務的心態，以修己安人為不易的法則，在職場中不斷革故鼎新。有機會從事公共事務時，更應該把握時勢的變化，堅持貞正的德性，順乎天而應乎人地做出合理的變革。

做為一個中國人，隨時隨地都要能夠隨機應變，但是絕對不可以投機取巧，便是以上所述的綜合結語。

個人──→修身
家庭──→齊家
工作──→立業
公務──→治國
世界──→平天下

都需要
「革故鼎新」

隨時隨地隨機應變
絕對不能投機取巧

革故鼎新在求善補過，
大過小過都一律如此，
時時調整最為不可少。

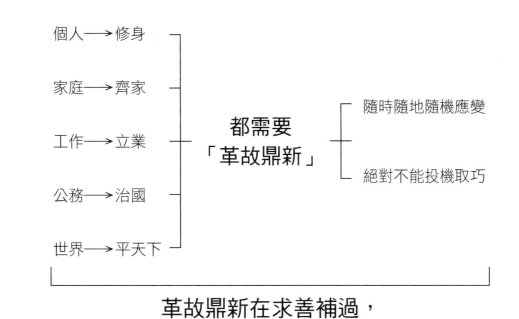

六、每日反省以期止於至善

《論語》記載曾子說：「吾日三省吾身」，每天以三件事情來自我反省：為人計議事情，是否盡心？對朋友是否有不誠信之處？對於所傳授的學業，是否有不純熟的地方？實際上，每個人所處的地位不同，從事的工作也不一樣，但是都可以列出三個不同的重點，來做為自我反省的目標。其共同目的，全都在於善補過。每一個人都必須修身，而根本的方法，便是找出自己的過失，以實際可行的有效方式，及時善補過。

「大學之道，在明明德，在親民，在止於至善。」《大學》所說的道理，現代稱為「政治哲學」，主要在憑良心修持自己的德行，以身作則，以施行德政。既然要為人民服務，治理眾人的事務，就應該親近人民，把民眾視同自己的親人。凡事將心比心，尋求此時、此地、最合理的平衡點，做好決策並且有效執行。現代人大多把「親民」曲解為「順應民意」，主要原因是為了討好大眾，爭取人民的感情。為政之道，固然要順天應人，然而天不明言、天意難測、天理難明，民意也十分善變，而且人多嘴雜、各有主見，而底要聽哪一方的？實在非常為難。所以「止於至善」，不應該解釋為「做到完善的地步並且堅持不變」，也不是「找到合理的平衡點便固守不變」。因為宇宙在變化，時代在演化，倘若固定在一處，又何以與時俱進？「止於至善」，實際上也是持續地善補過，及時加以調整改善。我們唯有時時反省、不斷進修，常常做出合理的調整，才能夠止於至善。

每日反省 → **止於至善**

每日反省

每天給自己留下一些時間，
好好反省自己有什麼過失？
設想善補過的方式，
把它寫在紙條上，
以便第二天能及時實現，
然後心安理得，安穩入眠。
記得第二天要把紙條帶著，
找機會真正去實踐。

止於至善

善補過的意思，
是做出合理的調整，
而不只是口頭上的道歉。
最好能有一些實際行動，
使對方感受到誠意。
「至善」的標準是變動的，
所以每一個階段，
都應該做好合理的調整。

我們的建議

1人生在世，真正的價值在於提高自己的品德修養。因為所有事物，都是生不帶來、死不帶去，唯有品德修養，是真正如影隨行的。我們短暫的一生，真正的目的即在於此。

2死後到哪裡去？和我們生時的功名利祿並無關係，因為這些不過是用來考驗我們的品德修養，本身並沒有具體的作用。死後到何處去？悉由自己所帶走的品德修養來決定，它不但是結業證書，而是還是通關必備的證明。

3人生過程中，所有經歷無不由簡而繁，所有的變化，也都與六十四卦相關。時時都有卦象，可做為自我反省的模擬對象。及時尋找所想得到的卦象，只要能夠做出有效的調整，目標便不難實現，這就是我們常說的心想事成。

4心想事成的最大障礙，在於自我否定。聽到前面那一句話，心裡卻想著「怎麼可能？」如此一來，它就真的成為不可能了。心裡想著「太難了！」事情也就真的十分困難。解決方法非常簡易，就是要打破自己心中的魔障，如此便能諸事順當、圓融無礙。

5當然，若是心想不貞不正，事就大多不能成。即使會成，也將成為壞事。因為良心對應善事，壞心招引壞事。換句話說，有時候心想事不成，反而是好事，不致產生惡果和凶禍。

6革故鼎新，是大家時時都在做的事情，千萬要注意動機的良善、過程的正確以及效果的吉順。常常自省，反求諸己，才是最為可靠的保障。凡事謹慎小心、自我惕勵，品德才能日漸提高。

結語

人生的目的，既然在求得好死，也就是心安理得地往生，那麼人生最要緊的事情，便是「諸惡莫作，眾善奉行」。但是「人非聖賢，孰能無過？」所以修習《易經》，最大的作用，應該就是「心易」，用心改變自己的言行態度。

「心易」的具體表現，其實就在「革故鼎新」——讓故舊的過失譬如昨日死，設法善補過，在當下獲得新性命。我們把革卦（䷰）和鼎卦（䷱）安排在最後一卷，用意即在讀完全系列之後，最好能夠時時謹記「革故鼎新」的道理，用以惕勵、改造自己。

我們要犯大過之前，大多會謹慎小心、再三思慮，反覆加以推敲。然而小過不斷，原因即在反正關係不大，沒有那麼嚴重，乾脆先做了再說。這種想法，也不能說完全不對，因為如果連小過也謹慎小心，很可能什麼都不敢做，反而導致矯枉過正的惡果。不敢嘗試、缺乏經驗，又何以提升自己的品德修養？所以孔子並不主張任何事情都「三思而後行」，反而說：「再，斯可矣！」小事不需要想三遍才做，想兩遍就可以動手了！意思是鼓勵大家勇於嘗試，力求從做中學，以獲取更多的經驗，來提高自己的品德修養。

儒家所說的「學」，大多指品德修養方面的精進，不像現代人一想到「學」，就偏向學識、技能、藝術，卻把最為重要的品德修養忘掉了！一旦「什麼都有，就是沒有道德」的人愈多，社會就愈亂，人群就愈不安，當然更不可能奢言幸福了。

善補過，才能无咎。事實上，若是不敢嘗試、害怕做錯而故步自封，也是一種咎。必須大膽嘗試，小心地善補過，才能无咎。在這種前提下，我們幾乎每天都可能犯錯。即使「不二過」，也不能保證不犯新的過錯，所以「革故鼎新」的需求非常高。

〈繫辭‧上傳〉記載：「无咎者，善補過也。」《易經》對人事的順逆通塞，也就是對於我們行事方面是否合乎道、其程度如何，所做出的評定斷語，有「吉、凶、悔、吝、无咎、厲、利有攸往、不利有攸往、利涉大川、不利涉大川、利見大人、无攸利、无不利」等等。另外，由於吉、凶的程度不一樣，也有「元吉、終吉、小事吉、終凶、悔亡、小吝、无大咎」等差異。當然，對於「道」自身來說，並沒有吉、凶的分別，只有人的行事，才會有這樣的差異。因為人的行為，既可順易道，也能逆易道，完全由人自己的心來主宰，也就是「道心」與「人心」的不斷交戰。由於「道心惟微，心人惟危」，所以人會經常犯過。孔子說：「過而不改，是為過矣！」認為過既難免，倘若能善補過，便等於無過。換句話說，有過而不能善補過，才算是犯過。然而，怎樣才能善補過呢？首先要知過，接著是真誠悔過，然後設法善補過。我們每一個人，與生俱來，都有一顆良心，若是能夠安靜下來，知過之心便會自然顯現，悔過之心也會自然出現，而善補過之心也將自然展現。老子倡導「自然無為」，便是良心自然引導我們「知過即復於正」的描述，人人都做得到。

孔子說：「我欲仁，斯仁至矣！」我們很容易想像：我想善補過，自然做得到。心想事成，不是十分簡易嗎？大家都能善補過，身就修好了！家人都各自善補過，家就齊了！國人都知道自律，能自主地善補過，國也就治了！接下來推而廣之，當全世界都仿傚我們的所作所為時，天下自然就平了！

《附錄》

易經本文與本系列叢書十八卷對照查閱表

易經本文

本系列卷次頁次

卷2 頁29—70

1 ䷀乾 元、亨、利、貞。

彖(ㄊㄨㄢˋ)曰：大哉乾元！萬物資始，乃統天。雲行雨施，品物流形。大明終始，六位時成，時乘六龍以御天。乾道變化，各正性命。保合大和，乃利貞。首出庶物，萬國咸寧。

象曰：天行健，君子以自強不息。

初九：潛龍勿用。

象曰：潛龍勿用，陽在下也。

九二：見龍在田，利見大人。

象曰：見龍在田，德施普也。

九三：君子終日乾乾，夕惕若厲，无咎。

象曰：終日乾乾，反復道也。

九四：或躍在淵，无咎。

象曰：或躍在淵，進無咎也。

九五：飛龍在天，利見大人。

象曰：飛龍在天，大人造也。

上九：亢龍有悔。

象曰：亢龍有悔，盈不可久也。

用九：見羣龍无首，吉。

象曰：用九，天德不可為首也。

2 ䷁ 坤

元、亨，利牝馬之貞。君子有攸往，先迷後得主，利。西南得朋，東北喪朋。安貞，吉。

卷2 頁71—112

彖曰：至哉坤元！萬物資生，乃順承天。坤厚載物，德合无疆。含弘光大，品物咸亨。牝馬地類，行地无疆。柔順利貞。君子攸行，先迷失道，後順得常。西南得朋，乃與類行；東北喪朋，乃終有慶。安貞之吉，應地无疆。

象曰：地勢坤，君子以厚德載物。

初六：履霜，堅冰至。

象曰：履霜堅冰，陰始凝也；馴致其道，至堅冰也。

六二：直、方、大，不習，无不利。

象曰：六二之動，直以方也。不習无不利，地道光也。

六三：含章可貞，或從王事，无成有終。

象曰：含章可貞，以時發也；或從王事，知光大也。

六四：括囊，无咎无譽。

象曰：括囊无咎，慎不害也。

六五：黃裳，元吉。

象曰：黃裳元吉，文在中也。

上六：龍戰于野，其血玄黃。

象曰：龍戰于野，其道窮也。
用六：利永貞。
象曰：用六永貞，以大終也。

3 ䷂屯 元、亨、利、貞。勿用有攸往，利建侯。

彖曰：屯，剛柔始交而難生，動乎險中，大亨貞。雷雨之動滿盈，天造草昧，宜建侯而不寧。
象曰：雲雷，屯。君子以經綸。
初九：磐桓，利居貞，利建侯。
象曰：雖磐桓，志行正也；以貴下賤，大得民也。
六二：屯如邅如，乘馬班如，匪寇婚媾。女子貞不字，十年乃字。
象曰：六二之難，乘剛也；十年乃字，反常也。
六三：即鹿无虞，惟入于林中。君子幾，不如舍。往吝。
象曰：即鹿无虞，以從禽也；君子舍之，往吝窮也。
六四：乘馬班如，求婚媾；往吉，无不利。
象曰：求而往，明也。
九五：屯其膏。小，貞吉；大，貞凶。
象曰：屯其膏，施未光也。
上六：乘馬班如，泣血漣如。
象曰：泣血漣如，何可長也？

卷5頁113—126

4 ䷃蒙 亨。匪我求童蒙，童蒙求我。初筮告，再三瀆，瀆則不告。利貞。

彖曰：蒙，山下有險。險而止，蒙。蒙，亨，以亨行，時中也。匪我求童蒙，童蒙求我，志應也；初筮告，以剛中也；再三瀆，瀆則不告，瀆蒙也；蒙以養正，聖功也。

象曰：山下出泉，蒙。君子以果行育德。

初六：發蒙。利用刑人，用說桎梏，以往，吝。

象曰：利用刑人，以正法也。

九二：包蒙，吉。納婦，吉。子克家。

象曰：子克家，剛柔節也。

六三：勿用取女，見金夫，不有躬，无攸利。

象曰：勿用取女。行不順也。

六四：困蒙，吝。

象曰：困蒙之吝，獨遠實也。

六五：童蒙，吉。

象曰：童蒙之吉，順以巽也。

上九：擊蒙，不利為寇，利禦寇。

象曰：利用禦寇，上下順也。

卷5 頁127—140

5 ䷄ 需　有孚，光亨，貞吉，利涉大川。

彖(ㄊㄨㄢˋ)曰：需，須也。險在前也，剛健而不陷，其義不困窮矣。需，有孚，光亨，貞吉，位乎天位，以正中也。利涉大川，往有功也。

象曰：雲上於天，需。君子以飲食宴樂。

初九：需于郊，利用恆，无咎。

象曰：需于郊，不犯難行也；利用恆，无咎，未失常也。

九二：需于沙，小有言，終吉。

象曰：需于沙，衍在中也。雖小有言，以終吉也。

九三：需于泥，致寇至。

象曰：需于泥，災在外也。自我致寇，敬慎不敗也。

六四：需于血，出自穴。

象曰：需于血，順以聽也。

九五：需于酒食，貞吉。

象曰：酒食貞吉，以中正也。

上六：入于穴，有不速之客三人來。敬之，終吉。

象曰：不速之客來，敬之終吉。雖不當位，未大失也。

卷5 頁85—98

6 ䷅ 訟　有孚窒，惕，中吉；終凶。利見大人，不利涉大川。

卷5 頁71—84

彖（ㄊㄨㄢˋ）曰：訟，上剛下險。險而健，訟。訟，有孚窒，惕，中吉，剛來而得中也；終凶，訟不可成也。利見大人，尚中正也；不利涉大川，入于淵也。

象曰：天與水違行，訟。君子以作事謀始。

初六：不永所事，小有言，終吉。

象曰：不永所事，訟不可長也；雖小有言，其辯明也。

九二：不克訟，歸而逋（ㄅㄨ），其邑人三百戶，无眚（ㄕㄥˇ）。

象曰：不克訟，歸逋（ㄅㄨ）竄也。自下訟上，患至掇（ㄉㄨㄛˊ）也。

六三：食舊德，貞厲，終吉；或從王事，无成。

象曰：食舊德，從上吉也。

九四：不克訟，復即命。渝，安貞，吉。

象曰：復即命，渝，安貞不失也。

九五：訟，元吉。

象曰：訟，元吉，以中正也。

上九：或錫之鞶（ㄆㄢˊ）帶，終朝三褫（ㄔˇ）之。

象曰：以訟受服，亦不足敬也。

7 ䷆ 師 貞，丈人吉，无咎。

彖（ㄊㄨㄢˋ）曰：師，眾也。貞，正也。能以眾正，可以王矣！剛中而應，行險而順，以此毒天下，而民從之，吉，又何咎矣！

卷5 頁29—42

象曰：地中有水，師。君子以容民畜眾。

初六：師出以律，否臧凶。

象曰：師出以律，失律凶也。

九二：在師中，吉，无咎，王三錫命。

象曰：在師中吉，承天寵也。王三錫命，懷萬邦也。

六三：師或輿尸，凶。

象曰：師或輿尸，大无功也。

六四：師左次，无咎。

象曰：左次无咎，未失常也。

六五：田有禽，利執；言，无咎。長子帥師，弟子輿尸。貞凶。

象曰：長子帥師，以中行也。弟子輿尸，使不當也。

上六：大君有命，開國承家，小人勿用。

象曰：大君有命，以正功也。小人勿用，必亂邦也。

8 ䷇ 比

比　吉。原筮，元永貞，无咎。不寧方來，後夫凶。

卷5 頁43—56

彖曰：比，吉也；比，輔也，下順從也。原筮，元永貞，以剛中也。不寧方來，上下應也。後夫凶，其道窮也。

象曰：地上有水，比。先王以建萬國，親諸侯。

初六：有孚比之，无咎。有孚盈缶，終來有它吉。

象曰：比之初六，有它吉也。

六二：比之自內，貞吉。
象曰：比之自內，不自失也。
六三：比之匪人。
象曰：比之匪人，不亦傷乎？
六四：外比之，貞吉。
象曰：外比於賢，以從上也。
九五：顯比，王用三驅，失前禽，邑人不誡。吉。
象曰：顯比之吉，位正中也。舍逆取順，失前禽也。邑人不誡，上使中也。
上六：比之无首，凶。
象曰：比之无首，无所終也。

9 ䷈ 小畜 亨。密雲不雨，自我西郊。

彖曰：小畜，柔得位而上下應之，曰小畜。健而巽，剛中而志行，乃亨。密雲不雨，尚往也。自我西郊，施未行也。
象曰：風行天上，小畜。君子以懿文德。
初九：復自道，何其咎？吉。
象曰：復自道，其義吉也。
九二：牽復，吉。
象曰：牽復在中，亦不自失也。
九三：輿說輻，夫妻反目。

卷9 頁99—112

象曰：夫妻反目，不能正室也。
六四：有孚，血去惕出，无咎。
象曰：有孚惕出，上合志也。
九五：有孚攣如，富以其鄰。
象曰：有孚攣如，不獨富也。
上九：既雨既處，尚德載。婦貞厲，月幾望。君子征凶。
象曰：既雨既處，德積載也。君子征凶，有所疑也。

10 ䷉履 履虎尾，不咥人，亨。

彖曰：履，柔履剛也。說而應乎乾，是以履虎尾，不咥人，亨。剛中正，履帝位而不疚，光明也。
象曰：上天下澤，履。君子以辯上下，定民志。
初九：素履，往，无咎。
象曰：素履之往，獨行願也。
九二：履道坦坦，幽人貞吉。
象曰：幽人貞吉，中不自亂也。
六三：眇能視，跛能履，履虎尾，咥人，凶。武人為于大君。
象曰：眇能視，不足以有明也；跛能履，不足以與行也；咥人之凶，位不當也；武人為于大君，志剛也。

卷6頁127—140

九四：履虎尾，愬愬終吉。

象曰：愬愬終吉，志行也。

九五：夬履，貞厲。

象曰：夬履，貞厲，位正當也。

上九：視履考祥，其旋元吉。

象曰：元吉在上，大有慶也。

11 ䷊ 泰　泰，小往大來，吉，亨。

彖曰：泰，小往大來，吉，亨。則是天地交而萬物通也，上下交而其志同也。內陽而外陰，內健而外順，內君子而外小人。君子道長，小人道消也。

象曰：天地交，泰。后以財成天地之道，輔相天地之宜，以左右民。

初九：拔茅茹，以其彙，征吉。

象曰：拔茅征吉，志在外也。

九二：包荒，用馮河。不遐遺，朋亡，得尚于中行。

象曰：包荒，得尚于中行，以光大也。

九三：无平不陂，无往不復。艱貞无咎。勿恤其孚，于食有福。

象曰：无往不復，天地際也。

六四：翩翩，不富以其鄰，不戒以孚。

卷4　頁71—84

象曰：翩翩不富，皆失實也。不戒以孚，中心願也。

六五：帝乙歸妹，以祉元吉。

象曰：以祉元吉，中以行願也。

上六：城復于隍，勿用師。自邑告命，貞吝。

象曰：城復于隍，其命亂也。

12 ䷋否 **否之匪人，不利君子貞，大往小來。**

卷4 頁85—98

彖曰：否之匪人，不利君子貞，大往小來，則是天地不交而萬物不通也，上下不交而天下無邦也。內陰而外陽，內小人而外君子。小人道長，君子道消也。

象曰：天地不交，否。君子以儉德辟難，不可榮以祿。

初六：拔茅茹，以其彙，貞吉，亨。

象曰：拔茅貞吉，志在君也。

六二：包承。小人吉，大人否，亨。

象曰：大人否，亨，不亂羣也。

六三：包羞。

象曰：包羞，位不當也。

九四：有命，无咎，疇離祉。

象曰：有命无咎，志行也。

九五：休否，大人吉。其亡其亡，繫于苞桑。

象曰：大人之吉，位正當也。

上九：傾否，先否後喜。

象曰：否終則傾，何可長也。

13 ䷌ 同人 **同人于野，亨，利涉大川，利君子貞。**

彖曰：同人，柔得位得中而應乎乾，曰同人。同人曰：同人于野，亨，利涉大川，乾行也。文明以健，中正而應，君子正也。唯君子為能通天下之志。

象曰：天與火，同人。君子以類族辨物。

初九：同人于門，无咎。

象曰：出門同人，又誰咎也。

六二：同人于宗，吝。

象曰：同人于宗，吝道也。

九三：伏戎于莽，升其高陵，三歲不興。

象曰：伏戎于莽，敵剛也。三歲不興，安行也。

九四：乘其墉，弗克攻，吉。

象曰：乘其墉，義弗克也。其吉，則困而反則也。

九五：同人，先號咷而後笑，大師克相遇。

象曰：同人之先，以中直也。大師相遇，言相克也。

上九：同人于郊，无悔。

象曰：同人于郊，志未得也。

卷12 頁99—112

14 ䷍大有　元亨。

彖（ㄊㄨㄢˋ）曰：大有，柔得尊位大中，而上下應之，曰大有。其德剛健而文明，應乎天而時行，是以元亨。

象曰：火在天上，大有。君子以遏（ㄜˋ）惡揚善，順天休命。

初九：无交害，匪咎，艱則无咎。

象曰：大有初九，无交害也。

九二：大車以載，有攸往，无咎。

象曰：大車以載，積中不敗也。

九三：公用亨于天子，小人弗克。

象曰：公用亨于天子，小人害也。

九四：匪其彭，无咎。

象曰：匪其彭，无咎，明辯晳（ㄓㄜˊ）也。

六五：厥孚交如，威如，吉。

象曰：厥孚交如，信以發志也。威如之吉，易而无備也。

上九：自天祐之，吉无不利。

象曰：大有上吉，自天佑也。

卷12 頁113—126

15 ䷎謙　亨，君子有終。

卷6 頁85—98

彖曰：謙，亨。天道下濟而光明，地道卑而上行。天道虧盈而益謙，地道變盈而流謙，鬼神害盈而福謙，人道惡盈而好謙。謙尊而光，卑而不可踰，君子之終也。

象曰：地中有山，謙。君子以裒多益寡，稱物平施。

初六：謙謙君子，用涉大川，吉。

象曰：謙謙君子，卑以自牧也。

六二：鳴謙，貞吉。

象曰：鳴謙，貞吉，中心得也。

九三：勞謙，君子有終，吉。

象曰：勞謙君子，萬民服也。

六四：无不利，撝謙。

象曰：无不利，撝謙，不違則也。

六五：不富以其鄰，利用侵伐，无不利。

象曰：利用侵伐，征不服也。

上六：鳴謙，利用行師，征邑國。

象曰：鳴謙，志未得也。可用行師，征邑國也。

16 ䷏ 豫

豫，利建侯行師。

彖曰：豫，剛應而志行，順以動，豫。豫，順以動，故天地如之，而況建侯行師乎？天地以順動，故日月不過，而四時不忒。聖人以順動，則刑罰清而民服，豫之時義大矣哉！

卷6 頁113—126

象曰：雷出地奮，豫。先王以作樂崇德，殷薦之上帝，以配祖考。

初六：鳴豫，凶。

象曰：初六鳴豫，志窮凶也。

六二：介于石，不終日，貞吉。

象曰：不終日，貞吉，以中正也。

六三：盱豫，悔；遲，有悔。

象曰：盱豫有悔，位不當也。

九四：由豫，大有得。勿疑，朋盍簪。

象曰：由豫，大有得，志大行也。

六五：貞疾，恆不死。

象曰：六五貞疾，乘剛也。恆不死，中未亡也。

上六：冥豫成，有渝无咎。

象曰：冥豫在上，何可長也？

17 ䷐ 隨

元、亨、利、貞，无咎。

彖曰：隨，剛來而下柔，動而說，隨。大亨貞，无咎，而天下隨時。隨時之義大矣哉！

象曰：澤中有雷，隨。君子以嚮晦入宴息。

初九：官有渝，貞吉。出門交有功。

象曰：官有渝，從正吉也。出門交有功，不失也。

卷14頁71—84

六二：係小子，失丈夫。
象曰：係小子，弗兼與也。
六三：係丈夫，失小子。隨有求得，利居貞。
象曰：係丈夫，志舍下也。
九四：隨有獲，貞凶。有孚在道以明，何咎。
象曰：隨有獲，其義凶也。有孚在道，明功也。
九五：孚于嘉，吉。
象曰：孚于嘉，吉，位正中也。
上六：拘係之，乃從維之。王用亨于西山。
象曰：拘係之，上窮也。

18 ䷑ 蠱　元亨，利涉大川。先甲三日，後甲三日。

彖曰：蠱，剛上而柔下，巽而止，蠱。蠱，元亨而天下治也。利涉大川，往有事也。先甲三日，後甲三日，終則有始，天行也。
象曰：山下有風，蠱。君子以振民育德。
初六：幹父之蠱，有子，考无咎，厲終吉。
象曰：幹父之蠱，意承考也。
九二：幹母之蠱，不可貞。
象曰：幹母之蠱，得中道也。
九三：幹父之蠱，小有悔，无大咎。

卷14　頁113—126

象曰：幹父之蠱，終无咎也。

六四：裕父之蠱，往見吝。

象曰：裕父之蠱，往未得也。

六五：幹父之蠱，用譽。

象曰：幹父用譽，承以德也。

上九：不事王侯，高尚其事。

象曰：不事王侯，志可則也。

19 ䷒ 臨

臨 元、亨、利、貞。至于八月有凶。

彖曰：臨，剛浸而長，說而順，剛中而應，大亨以正，天之道也。至于八月有凶，消不久也。

象曰：澤上有地，臨。君子以教思无窮，容保民无疆。

初九：咸臨，貞吉。

象曰：咸臨，貞吉，志行正也。

九二：咸臨，吉，无不利。

象曰：咸臨，吉，无不利，未順命也。

六三：甘臨，无攸利。既憂之，无咎。

象曰：甘臨，位不當也。既憂之，咎不長也。

六四：至臨，无咎。

象曰：至臨，无咎，位當也。

卷11 頁85—98

六五：知臨，大君之宜，吉。

象曰：大君之宜，行中之謂也。

上六：敦臨，吉，无咎。

象曰：敦臨之吉，志在內也。

20 ䷓ 觀　盥而不薦，有孚顒若。

彖曰：大觀在上，順而巽，中正以觀天下。觀，盥而不薦，有孚顒若，下觀而化也。觀天之神道，而四時不忒。聖人以神道設教，而天下服矣。

象曰：風行地上，觀。先王以省方，觀民，設教。

初六：童觀，小人无咎，君子吝。

象曰：初六童觀，小人道也。

六二：闚觀，利女貞。

象曰：闚觀女貞，亦可醜也。

六三：觀我生，進退。

象曰：觀我生，進退，未失道也。

六四：觀國之光，利用賓于王。

象曰：觀國之光，尚賓也。

九五：觀我生，君子无咎。

象曰：觀我生，觀民也。

上九：觀其生，君子无咎。

象曰：觀其生，志未平也。

卷11 頁43—56

21 ䷔ 噬嗑 亨，利用獄。

彖曰：頤中有物，曰噬嗑。噬嗑而亨。剛柔分，動而明，雷電合而章，柔得中而上行，雖不當位，利用獄也。

象曰：雷電，噬嗑，先王以明罰勑法。

初九：屨校滅趾，无咎。

象曰：屨校滅趾，不行也。

六二：噬膚，滅鼻，无咎。

象曰：噬膚，滅鼻，乘剛也。

六三：噬腊肉，遇毒。小吝，无咎。

象曰：遇毒，位不當也。

九四：噬乾胏，得金矢，利艱貞，吉。

象曰：利艱貞，吉，未光也。

六五：噬乾肉，得黃金，貞厲，无咎。

象曰：貞厲，无咎，得當也。

上九：何校滅耳，凶。

象曰：何校滅耳，聰不明也。

卷8 頁57—70

22 ䷕ 賁 亨，小利有攸往。

卷8 頁71—84

彖曰：賁，亨，柔來而文剛，故亨。分剛上而文柔，故小利有攸往，剛柔交錯，天文也；文明以止，人文也。觀乎天文，以察時變；觀乎人文，以化成天下。

象曰：山下有火，賁。君子以明庶政，无敢折獄。

初九：賁其趾，舍車而徒。

象曰：舍車而徒，義弗乘也。

六二：賁其須。

象曰：賁其須，與上興也。

九三：賁如，濡如，永貞吉。

象曰：永貞之吉，終莫之陵也。

六四：賁如，皤如，白馬翰如，匪寇婚媾。

象曰：六四，當位疑也。匪寇婚媾，終无尤也。

六五：賁于丘園，束帛戔戔。吝，終吉。

象曰：六五之吉，有喜也。

上九：白賁，无咎。

象曰：白賁，无咎，上得志也。

23 ䷖ 剝　不利有攸往。

彖曰：剝，剝也。柔變剛也。不利有攸往，小人長也。順而止之，觀象也。君子尚消息盈虛，天行也。

卷10 頁57—70

象曰：山附於地，剝；上以厚下安宅。

初六：剝床以足，蔑貞凶。

象曰：剝床以足，以滅下也。

六二：剝床以辨，蔑貞凶。

象曰：剝床以辨，未有與也。

六三：剝之，无咎。

象曰：剝之无咎，失上下也。

六四：剝床以膚，凶。

象曰：剝床以膚，切近災也。

六五：貫魚，以宮人寵，无不利。

象曰：以宮人寵，終无尤也。

上九：碩果不食，君子得輿，小人剝廬。

象曰：君子得輿，民所載也；小人剝廬，終不可用也。

24 ䷗ 復

亨，出入无疾，朋來无咎。反復其道，七日來復，利有攸往。

彖曰：復，亨，剛反。動而以順行，是以出入无疾，朋來无咎。反復其道，七日來復，天行也。利有攸往，剛長也，復，其見天地之心乎。

象曰：雷在地中，復。先王以至日閉關，商旅不行，后不省方。

卷10 頁71—84

初九：不遠復，无祇悔，元吉。
象曰：不遠之復，以脩身也。
六二：休復，吉。
象曰：休復之吉，以下仁也。
六三：頻復，厲，无咎。
象曰：頻復之厲，義无咎也。
六四：中行，獨復。
象曰：中行獨復，以從道也。
六五：敦復，无悔。
象曰：敦復无悔，中以自考也。
上六：迷復，凶，有災眚。用行師，終有大敗，以其國君凶，至于十年不克征。
象曰：迷復之凶，反君道也。

25 ䷘ 无妄　元、亨、利、貞，其匪正有眚，不利有攸往。
彖曰：无妄，剛自外來而為主於內，動而健，剛中而應。大亨以正，天之命也。其匪正有眚，不利有攸往，无妄之往，何之矣？天命不祐，行矣哉？
象曰：天下雷行，物與无妄，先王以茂對時，育萬物。
初九：无妄，往吉。

卷14 頁43—56

象曰：无妄之往，得志也。

六二：不耕穫，不菑畬，則利有攸往。

象曰：不耕穫，未富也。

六三：无妄之災，或繫之牛，行人之得，邑人之災。

象曰：行人得牛，邑人災也。

九四：可貞，无咎。

象曰：可貞无咎，固有之也。

九五：无妄之疾，勿藥有喜。

象曰：无妄之藥，不可試也。

上九：无妄，行有眚，无攸利。

象曰：无妄之行，窮之災也。

26 ䷙ 大畜

利貞，不家食，吉。利涉大川。

彖曰：大畜，剛健篤實輝光，日新其德。剛上而尚賢，能止健，大正也。不家食吉，養賢也。利涉大川，應乎天也。

象曰：天在山中，大畜，君子以多識前言往行，以畜其德。

初九：有厲，利已。

象曰：有厲則已，不犯災也。

九二：輿說輹。

象曰：輿說輹，中无尤也。

卷9 頁113—126

九三：良馬逐，利艱貞，曰閑輿衛，利有攸往。
象曰：利有攸往，上合志也。
六四：童牛之牿，元吉。
象曰：六四元吉，有喜也。
六五：豶豕之牙，吉。
象曰：六五之吉，有慶也。
上九：何天之衢，亨。
象曰：何天之衢，道大行也。

27 ䷚ 頤 貞吉。觀頤，自求口實。

彖曰：頤，貞吉，養正則吉也。觀頤，觀其所養也。自求口實，觀其自養也。天地養萬物，聖人養賢以及萬民，頤之時大矣哉！
象曰：山下有雷，頤。君子以慎言語，節飲食。
初九：舍爾靈龜，觀我朵頤，凶。
象曰：觀我朵頤，亦不足貴也。
六二：顛頤，拂經于丘頤，征凶。
象曰：六二征凶，行失類也。
六三：拂頤，貞凶，十年勿用，无攸利。
象曰：十年勿用，道大悖也。
六四：顛頤，吉。虎視眈眈，其欲逐逐，无咎。

卷16 頁113—126

象曰：顛頤之吉，上施光也。

六五：拂經，居貞吉，不可涉大川。

象曰：居貞之吉，順以從上也。

上九：由頤，厲吉，利涉大川。

象曰：由頤，厲吉，大有慶也。

28 ䷛ 大過　**棟橈，利有攸往，亨。**

彖曰：大過，大者過也。棟橈，本末弱也。剛過而中，巽而說行，利有攸往，乃亨。大過之時大矣哉！

象曰：澤滅木(澤風滅木)，大過。君子以獨立不懼，遯世无悶。

初六：藉用白茅，无咎。

象曰：藉用白茅，柔在下也。

九二：枯楊生稊，老夫得其女妻，无不利。

象曰：老夫女妻，過以相與也。

九三：棟橈，凶。

象曰：棟橈之凶，不可以有輔也。

九四：棟隆，吉。有它，吝。

象曰：棟隆之吉，不橈乎下也。

九五：枯楊生華，老婦得其士夫，无咎无譽。

卷16 頁127—140

象曰：枯楊生華，何可久也？老婦士夫，亦可醜也。

上六：過涉滅頂，凶，无咎。

象曰：過涉之凶，不可咎也。

29 ䷜ 坎 有孚，維心亨，行有尚。

彖曰：習坎，重險也。水流而不盈，行險而不失其信。維心亨，乃以剛中也。行有尚，往有功也。天險不可升也，地險山川丘陵也，王公設險以守其國，險之時用大矣哉！

象曰：水洊至，習坎。君子以常德行，習教事。

初六：習坎，入于坎窞，凶。

象曰：習坎入坎，失道凶也。

九二：坎有險，求小得。

象曰：求小得，未出中也。

六三：來之坎坎，險且枕，入于坎窞，勿用。

象曰：來之坎坎，終无功也。

六四：樽酒，簋貳，用缶，納約自牖，終无咎。

象曰：樽酒，簋貳，剛柔際也。

九五：坎不盈，祗既平，无咎。

象曰：坎不盈，中未大也。

上六：係用徽纆，寘于叢棘，三歲不得，凶。

象曰：上六失道，凶三歲也。

卷3 頁29—42

30 ䷝ **離　利貞，亨。畜牝牛，吉。**

彖曰：離，麗也。日月麗乎天，百穀草木麗乎土，重明以麗乎正，乃化成天下。柔麗乎中正，故亨，是以畜牝牛吉也。

象曰：明兩作，離。大人以繼明照于四方。

初九：履錯然，敬之，无咎。

象曰：履錯之敬，以辟咎也。

六二：黃離，元吉。

象曰：黃離元吉，得中道也。

九三：日昃之離，不鼓缶而歌，則大耋之嗟，凶。

象曰：日昃之離，何可久也？

九四：突如其來如，焚如，死如，棄如。

象曰：突如其來如，无所容也。

六五：出涕沱若，戚嗟若，吉。

象曰：六五之吉，離王公也。

上九：王用出征，有嘉，折首，獲匪其醜，无咎。

象曰：王用出征，以正邦也。

卷3頁71—84

31 ䷞ **咸　亨，利貞，取女吉。**

卷6頁29—42

彖曰：咸，感也。柔上而剛下，二氣感應以相與，止而說，男下女，是以亨，利貞，取女吉也。天地感而萬物化生；聖人感人心而天下和平。觀其所感，而天地萬物之情可見矣！

象曰：山上有澤，咸。君子以虛受人。

初六：咸其拇。

象曰：咸其拇，志在外也。

六二：咸其腓，凶。居吉。

象曰：雖凶居吉，順不害也。

九三：咸其股。執其隨，往吝。

象曰：咸其股，亦不處也。志在隨人，所執下也。

九四：貞吉，悔亡。憧憧往來，朋從爾思。

象曰：貞吉，悔亡，未感害也。憧憧往來，未光大也。

九五：咸其脢，无悔。

象曰：咸其脢，志末也。

上六：咸其輔頰舌。

象曰：咸其輔頰舌，滕口說也。

32 ䷟ 恆　亨，无咎，利貞，利有攸往。

彖曰：恆，久也。剛上而柔下，雷風相與，巽而動，剛柔皆應，恆。恆，亨，无咎，利貞，久於其道也。天地之道，恆久而不已也。利有攸往，終則有始也。日月得天而能久照，四時變化而能久成，聖人久於其道而天下化成。觀其所恆，而天地萬物之情可見矣！

象曰：雷風，恆。君子以立不易方。

初六：浚恆，貞凶，无攸利。

象曰：浚恆之凶，始求深也。

九二：悔亡。

象曰：九二悔亡，能久中也。

九三：不恆其德，或承之羞，貞吝。

象曰：不恆其德，无所容也。

九四：田无禽。

象曰：久非其位，安得禽也？

六五：恆其德，貞。婦人吉，夫子凶。

象曰：婦人貞吉，從一而終也。夫子制義，從婦凶也。

上六：振恆，凶。

象曰：振恆在上，大无功也。

卷6 頁43—56

33 ䷠ 遯 亨，小利貞。

彖曰：遯，亨，遯而亨也。剛當位而應，與時行也。小利貞，浸而長也。遯之時義大矣哉！

象曰：天下有山，遯。君子以遠小人，不惡而嚴。

初六：遯尾，厲，勿用有攸往。

象曰：遯尾之厲，不往何災也？

六二：執之，用黃牛之革，莫之勝說。

象曰：執用黃牛，固志也。

九三：係遯，有疾厲，畜臣妾吉。

象曰：係遯之厲，有疾憊也。畜臣妾吉，不可大事也。

九四：好遯，君子吉，小人否。

象曰：君子好遯，小人否也。

九五：嘉遯，貞吉。

象曰：嘉遯，貞吉，以正志也。

上九：肥遯，无不利。

象曰：肥遯，无不利，无所疑也。

卷11頁113—126

34 ䷡ 大壯 利貞。

彖曰：大壯，大者壯也。剛以動，故壯。大壯，利貞，大者正也。正大而天地之情可見矣！

象曰：雷在天上，大壯。君子以非禮弗履。

卷11頁127—140

初九：壯于趾，征凶，有孚。
象曰：壯于趾，其孚窮也。
九二：貞吉。
象曰：九二貞吉，以中也。
九三：小人用壯，君子用罔，貞厲。羝羊觸藩，羸其角。
象曰：小人用壯，君子罔也。
九四：貞吉，悔亡。藩決不羸，壯于大輿之輹。
象曰：藩決不羸，尚往也。
六五：喪羊于易，无悔。
象曰：喪羊于易，位不當也。
上六：羝羊觸藩，不能退，不能遂，无攸利，艱則吉。
象曰：不能退，不能遂，不詳也。艱則吉，咎不長也。

35 ䷢晉　**康侯用錫馬蕃庶，晝日三接。**

彖曰：晉，進也。明出地上，順而麗乎大明，柔進而上行，是以康侯用錫馬蕃庶，晝日三接也。
象曰：明出地上，晉。君子以自昭明德。
初六：晉如摧如，貞吉。罔孚，裕无咎。
象曰：晉如摧如，獨行正也。裕无咎，未受命也。

卷12 頁71—84

六二：晉如愁如，貞吉。受茲介福，于其王母。
象曰：受茲介福，以中正也。
六三：眾允，悔亡。
象曰：眾允之志，上行也。
九四：晉如鼫鼠，貞厲。
象曰：鼫鼠貞厲，位不當也。
六五：悔亡，失得勿恤，往吉，无不利。
象曰：失得勿恤，往有慶也。
上九：晉其角，維用伐邑，厲吉，无咎，貞吝。
象曰：維用伐邑，道未光也。

36 ䷣ 明夷　利艱貞。
彖曰：明入地中，明夷。內文明而外柔順，以蒙大難，文王以之。利艱貞，晦其明也。內難而能正其志，箕子以之。
象曰：明入地中，明夷。君子以蒞眾，用晦而明。
初九：明夷于飛，垂其翼。君子于行，三日不食。有攸往，主人有言。
象曰：君子于行，義不食也。
六二：明夷，夷于左股，用拯馬壯，吉。
象曰：六二之吉，順以則也。
九三：明夷于南狩，得其大首，不可疾貞。

卷12 頁57—70

象曰：南狩之志，乃大得也。

六四：入于左腹，獲明夷之心，于出門庭。

象曰：入于左腹，獲心意也。

六五：箕子之明夷，利貞。

象曰：箕子之貞，明不可息也。

上六：不明晦，初登于天，後入于地。

象曰：初登于天，照四國也；後入于地，失則也。

37 ䷤家人 **利女貞。**

彖曰：家人，女正位乎內，男正位乎外，男女正，天地之大義也。家人有嚴君焉，父母之謂也。父父，子子，兄兄，弟弟，夫夫，婦婦，而家道正，正家而天下定矣。

象曰：風自火出，家人。君子以言有物而行有恆。

初九：閑有家，悔亡。

象曰：閑有家，志未變也。

六二：无攸遂，在中饋，貞吉。

象曰：六二之吉，順以巽也。

九三：家人嗃嗃，悔厲吉。婦子嘻嘻，終吝。

象曰：家人嗃嗃，未失也。婦子嘻嘻，失家節也。

六四：富家，大吉。

象曰：富家大吉，順在位也。

卷15 頁71—84

九五：王假有家，勿恤，吉。
象曰：王假有家，交相愛也。
上九：有孚，威如，終吉。
象曰：威如之吉，反身之謂也。

38 ䷥睽 小事吉。

彖曰：睽，火動而上，澤動而下。二女同居，其志不同行。說而麗乎明，柔進而上行，得中而應乎剛，是以小事吉。天地睽而其事同也，男女睽而其志通也，萬物睽而其事類也。睽之時用大矣哉！
象曰：上火下澤，睽。君子以同而異。
初九：悔亡。喪馬勿逐，自復。見惡人，无咎。
象曰：見惡人，以辟咎也。
九二：遇主于巷，无咎。
象曰：遇主于巷，未失道也。
六三：見輿曳，其牛掣，其人天且劓，无初有終。
象曰：見輿曳，位不當也。无初有終，遇剛也。
九四：睽孤，遇元夫，交孚，厲无咎。
象曰：交孚无咎，志行也。
六五：悔亡，厥宗噬膚，往何咎？
象曰：厥宗噬膚，往有慶也。

卷15 頁85—98

上九：睽孤，見豕負塗，載鬼一車，先張之弧，後說之弧。匪寇婚媾，往遇雨則吉。
象曰：遇雨之吉，群疑亡也。

39 ䷦ 蹇 利西南，不利東北，利見大人。貞吉。

卷15 頁113—126

彖曰：蹇，難也，險在前也。見險而能止，知矣哉！蹇，利西南，往得中也；不利東北，其道窮也；利見大人，往有功也；當位貞吉，以正邦也。蹇之時用大矣哉！
象曰：山上有水，蹇。君子以反身脩德。
初六：往蹇，來譽。
象曰：往蹇，來譽，宜待也。
六二：王臣蹇蹇，匪躬之故。
象曰：王臣蹇蹇，終无尤也。
九三：往蹇，來反。
象曰：往蹇，來反，內喜之也。
六四：往蹇，來連。
象曰：往蹇來連，當位實也。
九五：大蹇，朋來。
象曰：大蹇，朋來，以中節也。
上六：往蹇，來碩，吉。利見大人。
象曰：往蹇來碩，志在內也。利見大人，以從貴也。

40 ䷧ **解　利西南，无所往，其來復吉。有攸往，夙吉。**

彖曰：解，險以動，動而免乎險，解。解，利西南，往得眾也。其來復吉，乃得中也。有攸往，夙吉，往有功也。天地解而雷雨作，雷雨作而百果草木皆甲坼。解之時大矣哉！

象曰：雷雨作，解。君子以赦過宥罪。

初六：无咎。

象曰：剛柔之際，義无咎也。

九二：田獲三狐，得黃矢，貞吉。

象曰：九二貞吉，得中道也。

六三：負且乘，致寇至，貞吝。

象曰：負且乘，亦可醜也。自我致戎，又誰咎也？

九四：解而拇，朋至斯孚。

象曰：解而拇，未當位也。

六五：君子維有解，吉，有孚于小人。

象曰：君子有解，小人退也。

上六：公用射隼于高墉之上，獲之，无不利。

象曰：公用射隼，以解悖也。

卷15 頁127—140

41 ䷨ 損　有孚，元吉，无咎，可貞，利有攸往。曷之用？二簋可用享。

彖曰：損下益上，其道上行。損而有孚，元吉，无咎，可貞，利有攸往。曷之用？二簋可用享。二簋應有時，損剛益柔有時。損益盈虛，與時偕行。

象曰：山下有澤，損，君子以懲忿窒欲。

初九：已事遄往，无咎，酌損之。

象曰：已事遄往，尚合志也。

九二：利貞，征凶，弗損益之。

象曰：九二利貞，中以為志也。

六三：三人行，則損一人。一人行，則得其友。

象曰：一人行，三則疑也。

六四：損其疾，使遄有喜，无咎。

象曰：損其疾，亦可喜也。

六五：或益之十朋之龜，弗克違，元吉。

象曰：六五元吉，自上祐也。

上九：弗損益之，无咎，貞吉。利有攸往，得臣无家。

象曰：弗損益之，大得志也。

卷4 頁127—140

42 ䷩益 利有攸往，利涉大川。

彖曰：益，損上益下，民說无疆，自上下下，其道大光。利有攸往，中正有慶；利涉大川，木道乃行。益動而巽，日進无疆。天施地生，其益無方。凡益之道，與時偕行。

象曰：風雷，益。君子以見善則遷，有過則改。

初九：利用為大作，元吉，无咎。

象曰：元吉，无咎，下不厚事也。

六二：或益之十朋之龜，弗克違，永貞吉。王用享于帝，吉。

象曰：或益之，自外來也。

六三：益之用凶事，无咎。有孚中行，告公用圭。

象曰：益用凶事，固有之也。

六四：中行告公從，利用為依遷國。

象曰：告公從，以益志也。

九五：有孚惠心，勿問元吉。有孚惠我德。

象曰：有孚惠心，勿問之矣。惠我德，大得志也。

上九：莫益之，或擊之。立心勿恆，凶。

象曰：莫益之，偏辭也。或擊之，自外來也。

卷4 頁141—154

43 ䷪ 夬　揚于王庭，孚號有厲，告自邑，不利即戎。利有攸往。

彖曰：夬，決也，剛決柔也。健而說，決而和，揚于王庭，柔乘五剛也。孚號有厲，其危乃光也。告自邑，不利即戎，所尚乃窮也。利有攸往，剛長乃終也。

象曰：澤上于天，夬。君子以施祿及下，居德則忌。

初九：壯于前趾，往不勝為咎。

象曰：不勝而往，咎也。

九二：惕號，莫夜有戎，勿恤。

象曰：有戎勿恤，得中道也。

九三：壯于頄，有凶。君子夬夬，獨行遇雨，若濡有慍，无咎。

象曰：君子夬夬，終无咎也。

九四：臀无膚，其行次且。牽羊悔亡，聞言不信。

象曰：其行次且，位不當也。聞言不信，聰不明也。

九五：莧陸夬夬，中行无咎。

象曰：中行无咎，中未光也。

上六：无號，終有凶。

象曰：无號之凶，終不可長也。

卷10 頁113—126

44 ䷫ 姤 女壯，勿用取女。

彖曰：姤，遇也，柔遇剛也。勿用取女，不可與長也。天地相遇，品物咸章也。剛遇中正，天下大行也。姤之時義大矣哉！

象曰：天下有風，姤。后以施命誥四方。

初六：繫于金柅，貞吉，有攸往，見凶。羸豕孚，蹢躅。

象曰：繫于金柅，柔道牽也。

九二：包有魚，无咎，不利賓。

象曰：包有魚，義不及賓也。

九三：臀无膚，其行次且，厲，无大咎。

象曰：其行次且，行未牽也。

九四：包无魚，起凶。

象曰：无魚之凶，遠民也。

九五：以杞包瓜，含章，有隕自天。

象曰：九五含章，中正也。有隕自天，志不舍命也。

上九：姤其角，吝。无咎。

象曰：姤其角，上窮吝也。

卷10 頁127—140

45 ䷬ 萃 亨。王假有廟，利見大人，亨，利貞。用大牲，吉，利有攸往。

卷17 頁113—126

彖(ㄊㄨㄢˋ)曰：萃，聚也。順以說(ㄩㄝˋ)，剛中而應，故聚也。王假(ㄍㄜˊ)有廟，致孝享也。利見大人，亨。聚以正也。用大牲，吉，利有攸往，順天命也。觀其所聚，而天地萬物之情可見矣。

象曰：澤上於地，萃。君子以除戎器，戒不虞。

初六：有孚不終，乃亂乃萃，若號(ㄏㄠˊ)，一握為笑。勿恤，往无咎。

象曰：乃亂乃萃，其志亂也。

六二：引吉，无咎，孚乃利用禴(ㄩㄝˋ)。

象曰：引吉，无咎，中未變也。

六三：萃如嗟如，无攸利，往无咎，小吝。

象曰：往无咎，上巽(ㄒㄩㄣˋ)也。

九四：大吉，无咎。

象曰：大吉，无咎，位不當也。

九五：萃有位，无咎。匪孚，元永貞，悔亡。

象曰：萃有位，志未光也。

上六：齎(ㄐㄧ)咨，涕洟，无咎。

象曰：齎(ㄐㄧ)咨涕洟，未安上也。

46 ䷭ 升

元亨，用見大人，勿恤，南征吉。

彖(ㄊㄨㄢˋ)曰：柔以時升，巽(ㄒㄩㄣˋ)而順，剛中而應，是以大亨。用見大人，勿恤，有慶也。南征吉，志行也。

卷17 頁127—140

象曰：地中生木，升。君子以順德，積小以高大。
初六：允升，大吉。
象曰：允升大吉，上合志也。
九二：孚乃利用禴，无咎。
象曰：九二之孚，有喜也。
九三：升虛邑。
象曰：升虛邑，无所疑也。
六四：王用亨于岐山，吉，无咎。
象曰：王用亨于岐山，順事也。
六五：貞吉，升階。
象曰：貞吉升階，大得志也。
上六：冥升，利于不息之貞。
象曰：冥升在上，消不富也。

47 ䷮ **困　亨，貞，大人吉，无咎。有言不信。**

彖曰：困，剛揜也。險以說，困而不失其所，亨。其唯君子乎？貞，大人吉，以剛中也。有言不信，尚口乃窮也。
象曰：澤无水，困。君子以致命遂志。
初六：臀困于株木，入于幽谷，三歲不覿。
象曰：入于幽谷，幽不明也。

卷8 頁99—112

九二：困于酒食，朱紱方來，利用亨祀，征凶，无咎。

象曰：困于酒食，中有慶也。

六三：困于石，據于蒺蔾，入于其宮，不見其妻，凶。

象曰：據于蒺蔾，乘剛也。入于其宮，不見其妻，不祥也。

九四：來徐徐，困于金車，吝，有終。

象曰：來徐徐，志在下也。雖不當位，有與也。

九五：劓刖，困于赤紱，乃徐有說，利用祭祀。

象曰：劓刖，志未得也。乃徐有說，以中直也。利用祭祀，受福也。

上六：困于葛藟，于臲卼，曰動悔有悔，征吉。

象曰：困于葛藟，未當也。動悔有悔，吉行也。

48 ䷯井

改邑不改井，无喪无得，往來井井，汔至亦未繘井，羸其瓶。凶。

卷8 頁113—126

彖曰：巽乎水而上水，井。井養而不窮也。改邑不改井，乃以剛中也。汔至亦未繘井，未有功也。羸其瓶，是以凶也。

象曰：木上有水，井。君子以勞民勸相。

初六：井泥不食，舊井无禽。

象曰：井泥不食，下也；舊井無禽，時舍也。
九二：井谷射鮒，甕敝漏。
象曰：井谷射鮒，无與也。
九三：井渫不食，為我心惻，可用汲，王明，並受其福。
象曰：井渫不食，行惻也。求王明，受福也。
六四：井甃，无咎。
象曰：井甃无咎，脩井也。
九五：井洌，寒泉食。
象曰：寒泉之食，中正也。
上六：井收，勿幕。有孚，元吉。
象曰：元吉在上，大成也。

49 ䷰革　巳日乃孚，元、亨、利、貞，悔亡。

彖曰：革，水火相息，二女同居，其志不相得，曰革。巳日乃孚，革而信之。文明以說，大亨以正。革而當，其悔乃亡。天地革而四時成，湯武革命，順乎天而應乎人。革之時大矣哉！
象曰：澤中有火，革。君子以治曆明時。
初九：鞏用黃牛之革。
象曰：鞏用黃牛，不可以有為也。
六二：巳日乃革之，征吉，无咎。

卷18 頁85—98

象曰：巳日革之，行有嘉也。
九三：征凶，貞厲，革言三就，有孚。
象曰：革言三就，又何之矣！
九四：悔亡，有孚改命，吉。
象曰：改命之吉，信志也。
九五：大人虎變，未占有孚。
象曰：大人虎變，其文炳也。
上六：君子豹變，小人革面，征凶，居貞吉。
象曰：君子豹變，其文蔚也。小人革面，順以從君也。

50 ䷱鼎　元吉，亨。

彖曰：鼎，象也。以木巽火，亨飪也。聖人亨以享上帝，而大亨以養聖賢。巽而耳目聰明。柔進而上行，得中而應乎剛，是以元亨。
象曰：木上有火，鼎。君子以正位凝命。
初六：鼎顛趾，利出否，得妾以其子，无咎。
象曰：鼎顛趾，未悖也。利出否，以從貴也。
九二：鼎有實，我仇有疾，不我能即，吉。
象曰：鼎有實，慎所之也。我仇有疾，終无尤也。
九三：鼎耳革，其行塞，雉膏不食。方雨虧悔，終吉。

卷18　頁99—112

象曰：鼎耳革，失其義也。

九四：鼎折足，覆公餗，其形渥，凶。

象曰：覆公餗，信如何也。

六五：鼎黃耳，金鉉，利貞。

象曰：鼎黃耳，中以為實也。

上九：鼎玉鉉，大吉，无不利。

象曰：玉鉉在上，剛柔節也。

51 ䷲ 震 亨。震來虩虩，笑言啞啞，震驚百里，不喪匕鬯。

卷7 頁99—112

彖曰：震，亨。震來虩虩，恐致福也。笑言啞啞，後有則也。震驚百里，驚遠而懼邇也。出可以守宗廟社稷，以為祭主也。

象曰：洊雷，震。君子以恐懼脩省。

初九：震來虩虩，後笑言啞啞，吉。

象曰：震來虩虩，恐致福也。笑言啞啞，後有則也。

六二：震來厲，億喪貝，躋于九陵，勿逐，七日得。

象曰：震來厲，乘剛也。

六三：震蘇蘇，震行，无眚。

象曰：震蘇蘇，位不當也。

九四：震遂泥。

象曰：震遂泥，未光也。

六五：震往來厲，億无喪，有事。

象曰：震往來厲，危行也。其事在中，大无喪也。

上六：震索索，視矍矍，征凶。震不于其躬，于其鄰，无咎。婚媾有言。

象曰：震索索，中未得也。雖凶无咎，畏鄰戒也。

52 ䷳ 艮

艮其背，不獲其身；行其庭，不見其人，无咎。

彖曰：艮，止也。時止則止，時行則行，動靜不失其時，其道光明。艮其止，止其所也。上下敵應，不相與也。是以不獲其身，行其庭，不見其人，无咎也。

象曰：兼山，艮。君子以思不出其位。

初六：艮其趾，无咎，利永貞。

象曰：艮其趾，未失正也。

六二：艮其腓，不拯其隨，其心不快。

象曰：不拯其隨，未退聽也。

九三：艮其限，列其夤，厲薰心。

象曰：艮其限，危薰心也。

六四：艮其身，无咎。

象曰：艮其身，止諸躬也。

六五：艮其輔，言有序，悔亡。

卷7 頁57—70

象曰：艮其輔，以中正也。
上九：敦艮，吉。
象曰：敦艮之吉，以厚終也。

53 ䷴ 漸　女歸吉，利貞。

卷17 頁71—84

象曰：漸之進也，女歸吉也。進得位，往有功也。進以正，可以正邦也。其位，剛得中也。止而巽，動不窮也。
象曰：山上有木，漸。君子以居賢德善俗。
初六：鴻漸于干，小子厲，有言，无咎。
象曰：小子之厲，義无咎也。
六二：鴻漸于磐，飲食衎衎，吉。
象曰：飲食衎衎，不素飽也。
九三：鴻漸于陸，夫征不復，婦孕不育，凶。利禦寇。
象曰：夫征不復，離群醜也。婦孕不育，失其道也。利用禦寇，順相保也。
六四：鴻漸于木，或得其桷，无咎。
象曰：或得其桷，順以巽也。
九五：鴻漸于陵，婦三歲不孕，終莫之勝，吉。
象曰：終莫之勝，吉，得所願也。
上九：鴻漸于陸，其羽可用為儀，吉。

象曰：其羽可用為儀，吉，不可亂也。

54 ䷵ **歸妹　征凶，无攸利。**

彖曰：歸妹，天地之大義也。天地不交，而萬物不興。歸妹，人之終始也。說以動，所歸妹也。征凶，位不當也。无攸利，柔乘剛也。

象曰：澤上有雷，歸妹。君子以永終知敝。

初九：歸妹以娣，跛能履，征吉。

象曰：歸妹以娣，以恆也。跛能履，吉相承也。

九二：眇能視，利幽人之貞。

象曰：利幽人之貞，未變常也。

六三：歸妹以須，反歸以娣。

象曰：歸妹以須，未當也。

九四：歸妹愆期，遲歸有時。

象曰：愆期之志，有待而行也。

六五：帝乙歸妹，其君之袂，不如其娣之袂良。月幾望，吉。

象曰：帝乙歸妹，不如其娣之袂良也。其位在中，以貴行也。

上六：女承筐，无實；士刲羊，无血。无攸利。

象曰：上六无實，承虛筐也。

卷17 頁85—98

55 ䷶ **豐　亨，王假之，勿憂，宜日中。**

卷13 頁43—56

彖曰：豐，大也。明以動，故豐。王假之，尚大也。勿憂，宜日中，宜照天下也。日中則昃，月盈則食，天地盈虛，與時消息，而況於人乎？況於鬼神乎？

象曰：雷電皆至，豐。君子以折獄致刑。

初九：遇其配主，雖旬无咎，往有尚。

象曰：雖旬无咎，過旬災也。

六二：豐其蔀，日中見斗，往得疑疾。有孚發若，吉。

象曰：有孚發若，信以發志也。

九三：豐其沛，日中見沬，折其右肱，无咎。

象曰：豐其沛，不可大事也；折其右肱，終不可用也。

九四：豐其蔀，日中見斗。遇其夷主，吉。

象曰：豐其蔀，位不當也。日中見斗，幽不明也。遇其夷主，吉行也。

六五：來章，有慶譽，吉。

象曰：六五之吉，有慶也。

上六：豐其屋，蔀其家，闚其戶，闃其无人，三歲不覿，凶。

象曰：豐其屋，天際翔也；闚其戶，闃其無人，自藏也。

56 ䷷ 旅　小亨，旅貞吉。

彖曰：旅，小亨，柔得中乎外，而順乎剛，止而麗乎明，是以小亨，旅貞吉也。旅之時義大矣哉！

象曰：山上有火，旅。君子以明慎用刑，而不留獄。

初六：旅瑣瑣，斯其所取災。

象曰：旅瑣瑣，志窮災也。

六二：旅即次，懷其資，得童僕，貞。

象曰：得童僕，貞，終无尤也。

九三：旅焚其次，喪其童僕，貞厲。

象曰：旅焚其次，亦以傷矣。以旅與下，其義喪也。

九四：旅于處，得其資斧，我心不快。

象曰：旅于處，未得位也。得其資斧，心未快也。

六五：射雉，一矢亡，終以譽命。

象曰：終以譽命，上逮也。

上九：鳥焚其巢，旅人先笑後號咷，喪牛于易，凶。

象曰：以旅在上，其義焚也。喪牛于易，終莫之聞也。

卷13 頁57—70

57 ䷸ 巽　小亨，利有攸往，利見大人。

彖曰：重巽以申命，剛巽乎中正而志行，柔皆順乎剛，是以小亨，利有攸往，利見大人。

象曰：隨風，巽。君子以申命行事。

卷7 頁113—126

初六：進退，利武人之貞。

象曰：進退，志疑也。利武人之貞，志治也。

九二：巽在床下，用史巫紛若，吉，无咎。

象曰：紛若之吉，得中也。

九三：頻巽，吝。

象曰：頻巽之吝，志窮也。

六四：悔亡，田獲三品。

象曰：田獲三品，有功也。

九五：貞吉，悔亡，无不利。无初有終，先庚三日，後庚三日，吉。

象曰：九五之吉，位正中也。

上九：巽在床下，喪其資斧，貞凶。

象曰：巽在床下，上窮也；喪其資斧，正乎凶也。

58 ䷹ 兌　亨，利貞。

彖曰：兌，說也。剛中而柔外，說以利貞，是以順乎天，而應乎人。說以先民，民忘其勞；說以犯難，民忘其死；說之大，民勸矣哉！

象曰：麗澤，兌。君子以朋友講習。

初九：和兌，吉。

象曰：和兌之吉，行未疑也。

九二：孚兌，吉，悔亡。

卷7 頁71—84

象曰：孚兌之吉，信志也。

六三：來兌，凶。

象曰：來兌之凶，位不當也。

九四：商兌未寧，介疾有喜。

象曰：九四之喜，有慶也。

九五：孚于剝，有厲。

象曰：孚于剝，位正當也。

上六：引兌。

象曰：上六引兌，未光也。

59 ䷺ 渙　亨，王假有廟，利涉大川，利貞。

彖曰：渙，亨，剛來而不窮，柔得位乎外而上同。王假有廟，王乃在中也。利涉大川，乘木有功也。

象曰：風行水上，渙。先王以享于帝，立廟。

初六：用拯馬壯。吉。

象曰：初六之吉，順也。

九二：渙奔其机，悔亡。

象曰：渙奔其机，得願也。

六三：渙其躬，无悔。

象曰：渙其躬，志在外也。

六四：渙其群，元吉。渙有丘，匪夷所思。

卷13 頁99—112

象曰：渙其群，元吉，光大也。
九五：渙汗其大號(ㄏㄠˊ)，渙王居，无咎。
象曰：王居无咎，正位也。
上九：渙其血去逖(ㄊㄧˋ)出，无咎。
象曰：渙其血，遠害也。

60 ䷻ 節　亨，苦節不可貞。

彖(ㄊㄨㄢˋ)曰：節，亨，剛柔分而剛得中。苦節不可貞，其道窮也。說(ㄩㄝˋ)以行險，當位以節，中正以通。天地節而四時成，節以制度，不傷財，不害民。
象曰：澤上有水，節。君子以制數度，議德行。
初九：不出戶庭，无咎。
象曰：不出戶庭，知通塞也。
九二：不出門庭，凶。
象曰：不出門庭，失時極也。
六三：不節若，則嗟若，无咎。
象曰：不節之嗟，又誰咎也！
六四：安節，亨。
象曰：安節之亨，承上道也。
九五：甘節，吉，往有尚。
象曰：甘節之吉，居位中也。
上六：苦節，貞凶，悔亡。

卷13　頁113—126

象曰：苦節貞凶，其道窮也。

61 ䷼ **中孚　豚魚，吉。利涉大川，利貞。**

象曰：中孚，柔在內而剛得中。說而巽，孚乃化邦也。豚魚吉，信及豚魚也；利涉大川，乘木舟虛也；中孚以利貞，乃應乎天也。

象曰：澤上有風，中孚。君子以議獄緩死。

初九：虞吉，有他不燕。

象曰：初九虞吉，志未變也。

九二：鳴鶴在陰，其子和之。我有好爵，吾與爾靡之。

象曰：其子和之，中心願也。

六三：得敵，或鼓或罷，或泣或歌。

象曰：或鼓或罷，位不當也。

六四：月幾望，馬匹亡。无咎。

象曰：馬匹亡，絕類上也。

九五：有孚攣如，无咎。

象曰：有孚攣如，位正當也。

上九：翰音登于天，貞凶。

象曰：翰音登于天，何可長也？

卷16頁71—84

62 ䷽ **小過　亨，利貞。可小事，不可大事。飛鳥遺之音，不宜上，宜下，大吉。**

卷16頁85—98

卷3 頁113—126

彖(ㄊㄨㄢˋ)曰：小過，小者過而亨也。過以利貞，與時行也。柔得中，是以小事吉也。剛失位而不中，是以不可大事也。有飛鳥之象焉，飛鳥遺之音，不宜上，宜下，大吉，上逆而下順也。

象曰：山上有雷，小過。君子以行過乎恭，喪過乎哀，用過乎儉。

初六：飛鳥以凶。

象曰：飛鳥以凶，不可如何也。

六二：過其祖，遇其妣(ㄅㄧˇ)，不及其君，遇其臣，无咎。

象曰：不及其君，臣不可過也。

九三：弗過防之，從或戕(ㄑㄧㄤˊ)之，凶。

象曰：從或戕(ㄑㄧㄤˊ)之，凶如何也？

九四：无咎，弗過遇之，往厲必戒，勿用，永貞。

象曰：弗過遇之，位不當也；往厲必戒，終不可長也。

六五：密雲不雨，自我西郊。公弋(ㄧˋ)取彼在穴。

象曰：密雲不雨，已上也。

上六：弗遇過之，飛鳥離之，凶，是謂災眚(ㄕㄥˇ)。

象曰：弗遇過之，已亢也。

63 ䷾既濟 **亨小，利貞，初吉終亂。**

彖(ㄊㄨㄢˋ)曰：既濟，亨，小者亨也。利貞，剛柔正而位當也。初吉，柔得中也。終止則亂，其道窮也。

卷3 頁99—112

象曰：水在火上，既濟。君子以思患而豫防之。

初九：曳其輪，濡其尾，无咎。

象曰：曳其輪，義无咎也。

六二：婦喪其茀，勿逐，七日得。

象曰：七日得，以中道也。

九三：高宗伐鬼方，三年克之，小人勿用。

象曰：三年克之，憊也。

六四：繻有衣袽，終日戒。

象曰：終日戒，有所疑也。

九五：東鄰殺牛，不如西鄰之禴祭，實受其福。

象曰：東鄰殺牛，不如西鄰之時也。實受其福，吉大來也。

上六：濡其首，厲。

象曰：濡其首，厲，何可久也？

64 ䷿ 未濟 **亨，小狐汔濟，濡其尾，无攸利。**

卷3 頁113—126

彖曰：未濟，亨。柔得中也。小狐汔濟，未出中也。濡其尾，无攸利，不續終也。雖不當位，剛柔應也。

象曰：火在水上，未濟。君子以慎辨物居方。

初六：濡其尾，吝。

象曰：濡其尾，亦不知極也。

九二：曳其輪，貞吉。

象曰：九二貞吉，中以行正也。

六三：未濟，征凶，利涉大川。

象曰：未濟，征凶，位不當也。

九四：貞吉，悔亡，震用伐鬼方，三年有賞于大國。

象曰：貞吉，悔亡，志行也。

六五：貞吉，无悔，君子之光，有孚，吉。

象曰：君子之光，其暉吉也。

上九：有孚于飲酒，无咎。濡其首，有孚失是。

象曰：飲酒濡首，亦不知節也。

《經典傳承》系列

《易經經文班》

Course for the Text of I Ching

《易經》六十四卦、三百八十四爻，並非靜態呈現，而是彼此互動，有快有慢、時時變化。每一卦、每一爻，都是生命的入手處，想要有效學習、深入瞭解，最好能夠從熟悉經文開始。

《易經繫辭班》

Course for the Great Commentary of I Ching

人生長於天地之間，必然會受到天地以及陰陽之氣的交互影響。《繫辭傳》說：「有天道焉，有人道焉，有地道焉，兼三才而兩之。」——所有中國哲學的思考，都沒能超出這個範圍。

《易經》其大無外，其小無內；廣大精微，無所不包，64 卦 384 爻 4096 種變化，是解開宇宙人生的終極密碼。能打造出一個內建《易經》智慧的大腦，等於是和宇宙能量接軌，取之不盡，用之不竭，絕對是您今生最睿智的投資。

古人有言：富不學，富不長；窮不學，窮不盡。人不能不學習，既然要學，就要學最上乘的智慧，才不會浪費時間。曾仕強文化擁有最優秀的黃金師資陣容，課程深入淺出，一點就通。誠摯邀請您即刻啟動學習，一同進入「易想天開」的人生新境界！

《老子道德經》

Course for Lao-tzu's Tao Te Ching

「知人者智，自知者明；勝人者有力，自勝者強。」《道德經》短短五千餘字，談的都是人間行走的智慧。老子告訴我們：先把做人的基礎打好，未來的人生道路，就會比較易知易行。

《孫子兵法現代應用》

Modern Application of Sun-tzu's The Art of Warfare

「善動敵者，形之，敵必從」；「善戰者，求之於勢」。「形」與「勢」，是作戰前必先考量的策略面。《孫子兵法》是中國最早的謀略兵書，能教你佈形造勢，知己知彼，百戰百勝！

《史料未及》

The Unexpected Records of The Grand Historian

針對《史記》近百位歷史人物，結合《易經》智慧做精彩分享。讀經典學觀念，讀歷史學做法，可謂乾坤並重、知行合一。在生命中的某一刻，能與千古智慧相遇，絕對是幸運無比的！

解讀
易經的奧祕
21世紀
最淺白有趣的
易經入門書

解讀
易經的奧祕
21世紀
最淺白有趣的
易經入門書